职业教育汽车类专业"互联网+"创新教材

汽车传动系统原理与检修

主　编　王旭斌
副主编　贾广辉
参　编　和豪涛　冯顺利　王　正

机械工业出版社

本书共有 5 个项目，15 个任务，内容包含传动系统认知、驱动桥及万向传动装置检修、离合器检修、齿轮传动机构检修、同步器与操纵机构检修、液力变矩器检修、行星齿轮机构检修、换档执行元件检修、液压控制系统检修、电子控制系统检修、自动变速器检测、无级自动变速器检修、双离合自动变速器检修、四轮驱动系统检修及电动汽车传动系统检修。

本书可作为职业院校汽车检测与维修技术专业教材及职业技能等级证书培训教材，也可作为售后服务人员和工程技术人员学习汽车传动系统的参考书。

为了便于读者自主学习、提高学习效率，本书配备了二维码视频资源，可通过手机扫码观看。同时，本书配有"示范教学包"，可在超星学习通上实现"一键建课"，方便混合式教学。

本书配有电子课件、试卷及答案等，**凡使用本书作为教材的教师**可登录机械工业出版社教育服务网（www.cmpedu.com）注册后免费下载。咨询电话：010-88379375。

图书在版编目（CIP）数据

汽车传动系统原理与检修/王旭斌主编. —北京：机械工业出版社，2023.4

职业教育汽车类专业"互联网+"创新教材

ISBN 978-7-111-72411-7

Ⅰ.①汽… Ⅱ.①王… Ⅲ.①汽车-传动系-理论-高等职业教育-教材 ②汽车-传动系-车辆修理-高等职业教育-教材 Ⅳ.①U472.41

中国国家版本馆 CIP 数据核字（2023）第 030647 号

机械工业出版社（北京市百万庄大街 22 号　邮政编码 100037）
策划编辑：葛晓慧　　　　　责任编辑：葛晓慧　张双国
责任校对：薄萌钰　许婉萍　封面设计：严娅萍
责任印制：单爱军
北京虎彩文化传播有限公司印刷
2023 年 6 月第 1 版第 1 次印刷
184mm×260mm・11.75 印张・289 千字
标准书号：ISBN 978-7-111-72411-7
定价：49.80 元

电话服务	网络服务
客服电话：010-88361066	机 工 官 网：www.cmpbook.com
010-88379833	机 工 官 博：weibo.com/cmp1952
010-68326294	金 书 网：www.golden-book.com
封底无防伪标均为盗版	机工教育服务网：www.cmpedu.com

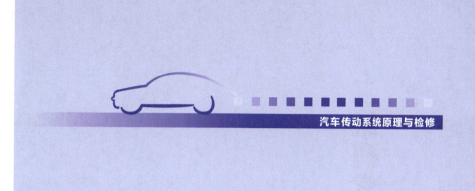

前言

二十大报告提出了加快建设制造强国以及推动现代服务业同先进制造业深度融合；同时，指出要努力培养造就更多德才兼备的高素质人才。汽车工业作为国民经济的重要支柱产业，国家正大力提高其制造和售后服务水平，汽车传动系统中的变速器作为重要的总成部件，其制造和使用越来越受到重视。

良好的汽车传动系统状况是汽车正常行驶的重要保证，为更好地培养掌握汽车传动系统基本原理和部件检修的高素质高技能人才，提高学生的社会能力和职业能力，本书基于德技并重的教育培养理念及项目引领、任务驱动的教学模式编写，内容的选取及安排考虑到：

1）汽车传动系统应用状况及岗位需要——传动系统主要由驱动桥和变速器组成，驱动桥在各汽车上差别不大，而不同品牌、不同车型上采用的变速器具有多样化；同时，四驱车辆和电动汽车的使用增多，这就要求岗位人员理解并掌握机械手动变速器（MT）、液力自动变速器（AT）、无级自动变速器（CVT）和双离合自动变速器（DCT）的原理和部件检修技术，以更好地进行故障的诊断处理。

2）技术关联和教学实际——变速器技术相通，MT和AT是学习其他变速器的基础；课程课时有限，各部件动态演示、实训难度大，故障诊断实训条件有限。

3）职业技能等级证书考核——基于能力的培养与考核及职业技能等级标准，突出以学生为中心的练、做、说、写等。

4）课程思政的加强——培养学生对职业要求的把握及良好的生活态度。

为方便院校开展理实一体化和信息化教学，努力做到目标明确、内容紧凑、层次分明、理实相关、满足需求，每个任务设有任务引入、任务目标、知识链接、任务实施、习题与思考等栏目。任务引入说明为何要学习该任务，任务目标指明要完成的理论、实训及思政，知识链接讲解任务所需的理论知识，任务实施引导学生进行实操性的部件检修及原理理解，习题与思考巩固学生对知识的掌握。同时，本书配套了教学课件、动画及视频等教学资源。

本书由王旭斌担任主编，贾广辉担任副主编。参加本书编写工作的有河南交通职业技术学院王旭斌（编写项目3）、贾广辉（编写项目2）、和豪涛（编写项目4和项目5）、冯顺利（编写项目1），河南威佳源通汽车销售服务有限公司技术总监王正参与了技术技能分享和内容选定。

本书编写过程中参考了相关著作、文献资料及网站内容，在此对相关作者表示感谢。

由于编者水平有限，书中难免有错漏之处，敬请读者批评指正。

编　者

二维码索引

汽车传动系统原理与检修

名称	二维码	页码	名称	二维码	页码
传动系统认识		1	手动变速器认识		52
举升机使用		8	液力变矩器认识		69
半轴拆解		22	单排行星齿轮机构认识		80
半轴拆装		22	辛普森齿轮机构认识		84
离合器检查		39	档位动力分析与演示		86

(续)

名称	二维码	页码	名称	二维码	页码
换档执行元件认识		93	P档应急解锁		128
换档执行元件检查		99	CVT认识		144
液压部件认识检查		104	DCT认识		152
阀体拆装		113	分动器认识		169
电控元件认识		117	电动汽车传动系统认识		174
数据流读取		128			

目录

前言
二维码索引
项目1 传动系统基础 ··· 1
　任务1 传动系统认知 ·· 1
　任务2 驱动桥及万向传动装置检修 ··· 13
项目2 机械手动变速器检修 ··· 31
　任务1 离合器检修 ·· 31
　任务2 齿轮传动机构检修 ··· 43
　任务3 同步器与操纵机构检修 ··· 56
项目3 液力自动变速器检修 ··· 67
　任务1 液力变矩器检修 ·· 67
　任务2 行星齿轮机构检修 ··· 80
　任务3 换档执行元件检修 ··· 93
　任务4 液压控制系统检修 ·· 103
　任务5 电子控制系统检修 ·· 117
　任务6 自动变速器检测 ··· 132
项目4 无级自动变速器和双离合自动变速器检修 ·· 144
　任务1 无级自动变速器检修 ·· 144
　任务2 双离合自动变速器检修 ··· 152
项目5 四轮驱动系统与电动汽车传动系统检修 ··· 166
　任务1 四轮驱动系统检修 ··· 166
　任务2 电动汽车传动系统检修 ··· 174
参考文献 ·· 181

项目 1 传动系统基础

汽车传动系统原理与检修

任务 1 传动系统认知

任务引入

不同类型车辆的传动系统布置形式及组成不尽相同,且传动系统的工作需要驾驶人的操控。本任务介绍传动系统的基本知识,进行本任务学习前需要熟悉转矩和操纵的概念。

任务目标

1. 能判断车辆传动系统的布置形式。
2. 能理解驱动力的产生过程。
3. 了解变速器的类型及操纵方式并能识别相关部件。
4. 能正确使用举升机。
5. 培养学生主动交流及学习的能力。

传动系统认识

知识链接

《汽车和挂车类型的术语和定义》(GB/T 3730.1—2001)给出了汽车的定义:由动力驱动,具有四个或四个以上车轮的非轨道承载的车辆。该标准将汽车分为乘用车和商用车两大类,按照车辆的结构可分为不同的种类,如图 1-1 所示。每辆汽车有唯一的车辆识别代号(Vehicle Identification Number,VIN),通常标示于前风窗玻璃左下角或其他部件上。

按照传统汽车构造,可将汽车分成发动机、底盘、车身和电气四部分。底盘的主要功能是支撑整车的重量,将发动机发出的动力传给驱动轮,同时传递和承受路面作用于车轮的各种力和力矩,并缓和冲击、吸收振动,以保证汽车的舒适性,能够比较轻便和灵活地完成整车的转向及制动等操作。底盘完成上述功能是由传动系统、行驶系统、转向系统及制动系统实现的,其中传动系统相对较复杂。

发动机燃烧燃料,在曲轴、飞轮上产生转矩,传动系统将发动机产生的驱动转矩和转速以一定的关系和要求传递到驱动轮,如图 1-2 所示。传动系统的具体功用有:实现汽车减速

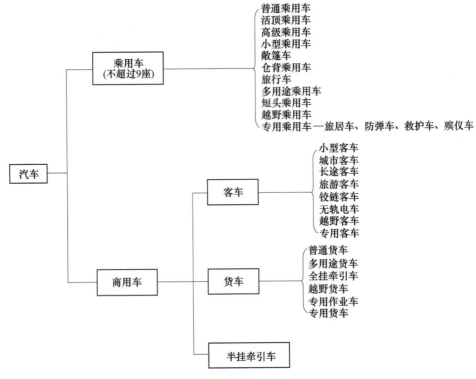

图1-1 汽车的分类

增矩、汽车变速、汽车倒车、必要时中断动力传递、使驱动轮具有差速功能、消除变速器与驱动桥之间因相对运动而产生的不利影响等。传动系统与发动机配合工作，能保证汽车在各种工况正常行驶，并具有良好的动力性和经济性。传动系统对汽车的起步、加速、爬坡及通过性能影响较大。

图1-2 传动系统

一、布置形式

传动系统常见的布置形式主要与发动机的安装位置及汽车的驱动方式有关。

传动系统布置形式可以分为五类：发动机前置后轮驱动（FR）、发动机前置前轮驱动（FF）、发动机中置后轮驱动（MR）、发动机后置后轮驱动（RR）和四轮驱动（4WD）。

（1）前置后驱（FR） 如图1-3a所示，FR布置形式为前排车轮负责转向，后排车轮负责整个车辆的驱动工作。也就是说，汽车的行进是后轮"推动"的。这种布置形式主要应用在客车和货车中。FR 的优点是轴荷分配均匀，即整车的前、后质量比较平均，操控稳定性较好；缺点是传动部件多，传动系统质量大，传动轴占据较大空间。

（2）前置前驱（FF） 如图 1-3b 所示，FF 是现代小、中型轿车普遍采用的布置方式。这种布置形式的操纵机构简单，发动机散热条件好；该布置形式降低了车厢底板高度，提高了行驶稳定性，抗侧滑的能力比前置后驱的强；但上坡时汽车质量后移，使前驱动轮负荷减小，驱动轮易打滑；下坡制动时由于汽车质量前移，前轮负荷过重，易发生翻车现象。

（3）中置后驱（MR） 如图 1-3c 所示，MR 布置形式的发动机放置在前、后轴之间，同时采用后轮驱动。其优点是轴荷分配均匀，具有很中性的操控特性；缺点是发动机占用了座舱的空间，降低了空间利用率和实用性，因此采用 MR 布置形式的大都是追求操控表现的跑车。

（4）后置后驱（RR） 如图 1-3d 所示，在大型客车上多采用这种布置形式，少量微型、轻型轿车也采用这种形式。发动机后置，使前轴不易过载，并能更充分地利用车厢面积，还可有效地降低车身底板的高度或充分利用汽车中部底板下的空间安置行李，也有利于减轻发动机的高温和噪声对驾驶人的影响。其缺点是发动机散热条件差，行驶中的某些故障不易被驾驶人察觉；远距离操纵使操纵机构变得复杂、维修调整不便。

（5）四轮驱动（4WD） 如图 1-3e 所示，四轮驱动是指汽车前、后轮都有动力，可根据行驶路面状态不同而将发动机输出转矩按不同比例分配到前、后桥的 4 个车轮上，以提高汽车的行驶能力。4WD 的优点是 4 个车轮均有动力，地面附着力最大，通过性和动力性好。

二、组成与驱动

按照结构和传力介质的不同，传动系统主要有机械式、液力机械式、静液式和电力式等几种，其中机械式和液力机械式最为常见。机械式传动系统的动力完全靠机械部件在发动机与驱动轮之间传递，而液力机械式传动系统由液力部件和机械部件一起实现动力传递。传动系统主要有变速器和驱动桥两大部分，驱动桥的组成与工作原理在各种类型的汽车上相差不大，由主减速器、差速器、半轴、万向节或桥壳等组成，不同车辆传动系统的差别主要在于变速器。

常见的前置前驱传动系统的组成如图 1-4a 所示，它的传动系统中没有万向传动装置，动力由发动机经离合器或变矩器、变速器传给断开式的前驱动桥；对于前置后驱的车辆，需加装万向传动装置，动力由发动机经离合器或变矩器、变速器及万向传动装置传给后驱动桥，如图 1-4b 所示；四轮驱动车辆需加装分动器等部件，如图 1-4c 所示。

无论是传统内燃机车辆还是电动汽车，其驱动力产生原理是一样的，如图 1-5 所示。当发动机/驱动电机通过传动系统将驱动转矩 T 传给驱动轮时，由于轮胎与地面接触形成一个接触面，在驱动转矩的作用下，接触面上的轮胎边缘对地面产生一个圆周力，它的方向与车辆行驶方向相反，根据作用力与反作用力的关系，路面必然对轮胎边缘施加一个反作用力，其大小相等、方向相反。地面对车辆施加的推动力即驱动力，本质是轮胎与地面间的摩擦力，地面能够提供的最大摩擦力即附着力。驱动力最大值受发动机动力和传动系统影响较大。当驱动力增大到能克服车辆静止状态的最大阻力时，汽车便开始起步。当传递到驱动轮上的转矩大于地面附着力时，驱动轮将滑转；影响车辆正常行驶。另外，从动轮没有受到驱动转矩，其旋转前进是由车轴拉动或推动造成的。

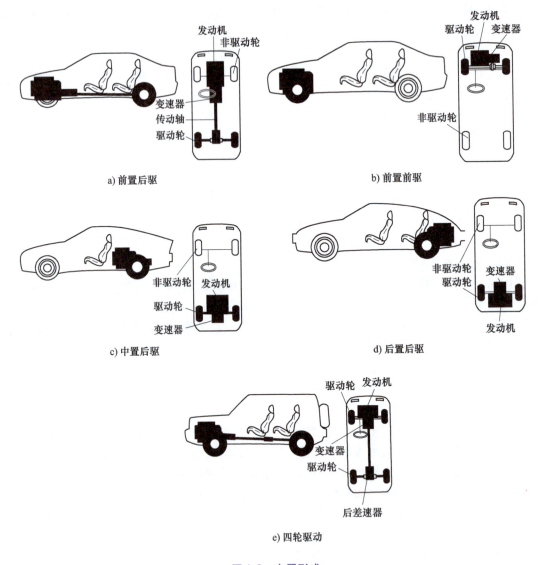

图 1-3 布置形式

三、变速器概述

动力采用活塞式内燃机的汽车,在传动系统中需设置变速器,其具体功用是:

①改变传动比,扩大汽车牵引力和速度的变化范围,以适应汽车不同工作条件的需要。
②在发动机曲轴旋转方向不变的条件下,使汽车能够倒向行驶。
③利用空档中断发动机向驱动轮的动力传递,以使发动机能够起动和怠速运转,并满足汽车暂时停车和滑行的需要。
④利用变速器作为动力输出装置驱动其他机构,主要应用在专用汽车上。

汽车上所采用的变速器有多种结构形式,一般按照传动比变化方式和操纵方式进行分类。

(1) 按传动比变化方式分类 传动比可以用来衡量动力传递时主、从动件的传递效果,

项目1 传动系统基础

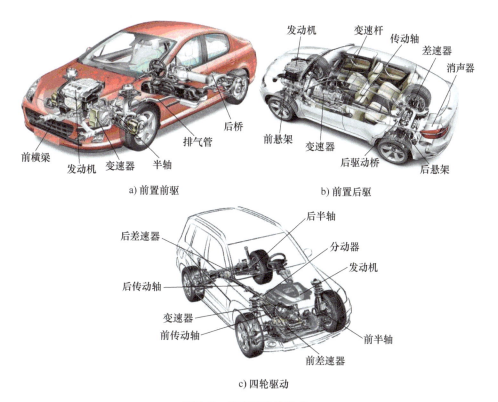

图 1-4 传动系统的组成

变速器档位的含义是变速器输入轴与输出轴间的传递效果，每个档位的传动比是不同的。按档位间传动比变化方式不同，变速器可分为有级式、无级式和综合式3种。

1）有级式变速器。具有若干个定值传动比，轿车和轻、中型货车变速器多采用5~10个前进档，重型商用车行驶的路况复杂，变速器的档位较多，可有8~20个档位。

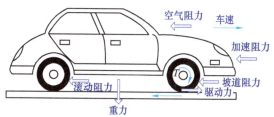

图 1-5 驱动力产生原理

2）无级式变速器。它的传动比可在一定范围内连续变化。

3）综合式变速器。综合式变速器是由液力变矩器和有级齿轮式变速器组成的，传动比可在最大值与最小值之间的几个间断的范围内做无级变化，目前应用较多。

（2）按操纵方式分类　变速器按其操纵方式可分为手动变速器、自动变速器和手自一体变速器3种。

1）手动变速器。驾驶人用手操纵变速杆，依靠经验进行控制、选定前进档位。

2）自动变速器。变速杆在前进位时，这种变速器的控制系统主要根据发动机的负荷和车速的变化情况自动选定某一前进档并进行档位变换，即自动地改变传动比。驾驶人只需要操纵加速踏板和制动踏板即可控制车速。

3）手自一体变速器。这种变速器同时具有自动换档模式和手动换档模式。

005

变速器的分类、发展及外观如图1-6所示。除手动变速器（MT）外，其他均为自动变速器；MT/AMT/DCT/DSG大都采用固定轴齿轮机构，AT/CVT内含行星齿轮机构。

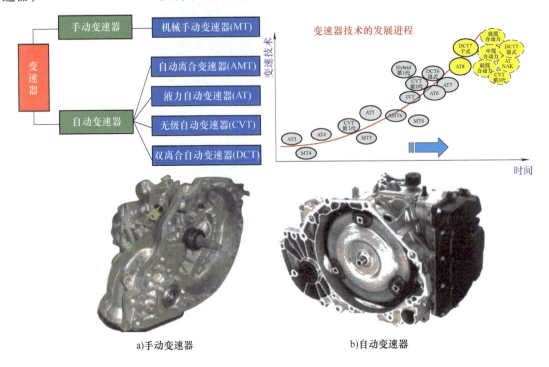

a)手动变速器　　b)自动变速器

图1-6　变速器的分类、发展及外观

四、操纵

传动系统的操纵包括对变速杆和脚踏板的控制，如图1-7所示。变速杆的位置有以下几种：地排档（位于中控下面、驾驶人座椅右侧，传统车辆基本都是地排档）、怀档（位于转向盘后面）、中控按键档（位于中控台）等。手动变速器及传统自动变速器采用拉线方式连接变速杆和变速器本体，大都使用手柄式；越来越多的自动变速器使用电子换档，电子换档采用线控换档技术，驾驶人换档意图通过传感器转变为电信号传输至变速器ECU进行换档，电子换档的手柄、旋钮或按键通常位于中控或转向盘附近，突破了传统变速杆必须放在中控部分与变速器硬连接的限制。

1. 手动变速器车辆

其操纵烦琐，包括对离合踏板、加速踏板、制动踏板及变速杆的控制，驾驶人操纵熟练度及经验对其影响较大，驾驶过程一般包括：

1) 起动发动机：驻车制动，挂空档，左脚将离合踏板踩到底，起动发动机。

2) 车辆起步：左脚踩离合踏板到底，挂低速前进档或倒档，松开驻车制动器手柄，轻踩加速踏板，慢慢松开离合踏板。

3) 换档：松开加速踏板，将离合踏板踩到底，根据车辆速度迅速换到相应档位，松开离合踏板，控制节气门开度和制动踏板控制车速。

4) 停车：踩制动踏板，车辆减速停车，变速杆挂回空档，拉紧驻车制动器手柄，发动

项目1 传动系统基础

a) 手动变速器操纵部件

b) 自动变速器操纵部件

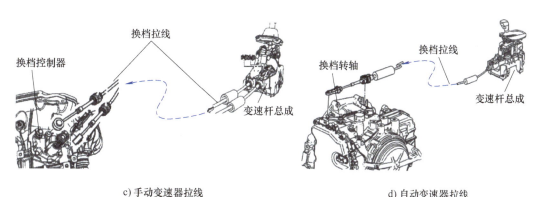

c) 手动变速器拉线　　　　　　　　　　d) 自动变速器拉线

图 1-7　变速器机械换档操纵机构

机熄火。

2. 自动变速器车辆

自动变速器（主要针对液力自动变速器）车辆除了选择不同档位对它进行控制以外，还有安装在变速杆或仪表板上的一些控制开关来对它进行其他控制，不同厂家生产的自动变速器的控制开关名称和作用不完全一样。

（1）档位说明　自动变速器同样需要驾驶人操纵，操纵方式有杆式、旋钮式或按键式等。如图1-8所示，档位前面的4个位置是一样的，即P、R、N、D位（杆式电子换档的P按键位置灵活），分别为驻车档、倒档、空档、前进档。后面有2、L，或3、2、1，或S、L

007

等多种形式，其含义也不同，有的2位只有2档，有的2位可在1档和2档之间变换，S、L为低速限制档位。当前S更多代表运动模式下的自动换档，而D代表普通模式下的自动换档。随着自动变速器控制技术的发展，变速杆位置数减少，前进档传动比数目增多。目前，很多车辆采用手自一体变速器。

图1-8 自动变速器档位

（2）档位功能

1）P位（驻车档）。当变速杆位于P位时，自动变速器内部的停车锁止机构将变速器输出轴锁止在变速器壳体上，使驱动轮不能转动，同时变速器内部处于空档状态。通常，车辆只有在P位时才能拔出点火开关钥匙；只有在P位或N位时，才能起动发动机。

2）R位（倒档）。当变速杆位于R位时，变速器内部处于倒档状态，驱动轮反转，实现倒档行驶。

3）N位（空档）。当变速杆位于N位时，发动机和驱动轮间断开动力传递。

与P位不同的是，在发动机停止运转的时候，挂空档可以推动车辆。P位起动是经常使用的模式，N位起动用于行驶中发动机熄火时。

4）D位（前进档）。当变速杆位于D位时，驾驶人通过加速踏板和制动踏板可以控制车辆的行驶速度，各前进档可自动升降。

5）2位（发动机制动2档）。当车辆行驶在下坡路上时，可以预先选择2位或1位，以便合理利用发动机制动，同时用制动踏板控制车辆下坡速度。

6）L位（发动机制动1档）。当变速杆位于L位时，变速器锁定在前进1档，发动机制动作用更强，一般多用于山区、路况不好或陡坡行驶，可防止变速器频繁换档，提高自动变速器的使用寿命。

7）M位。手自一体变速器增加了手动换档功能，手动模式通常标注"M""+/-"等。如图1-9所示，变速杆位于M位时，可在一定条件下手动加、减档位，操作方式因车型不同会有差异，手动换档时可通过组合仪表看到变速器当前所处的档位，表示当前变速器处于手动换档模式的某一档。

举升机使用

项目1　传动系统基础

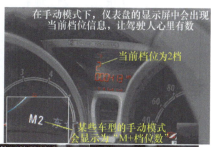

图 1-9　手自一体变速器换档操纵

五、举升机的使用

举升机在汽车维修维护中发挥着至关重要的作用，无论整车大修，还是小修维护，都离不开它，其产品性能、质量好坏直接影响维修人员的人身安全。常用举升机如图 1-10 所示。举升机的工作涉及电动机、液压及机械部件，需要定期检查与维护。不同品牌举升机的使用差别不大，操纵人员在正确使用时需密切注意举升机的状况，确保安全生产。

a) 柱式　　　　　　　　　　　b) 剪式

图 1-10　举升机

1. 双柱举升机的使用

1) 将车辆驶到举升工位，注意前、后、左、右位置。

2) 调整举升臂位置，使举升胶垫放在车辆推荐举升支撑部位下面，调节举升胶垫高度以便均匀接触。

3) 将举升臂升至举升胶垫完全接触车辆，检查汽车支撑是否牢固。

4）按下上升按钮，缓慢地将车辆从地面升起，确保汽车平衡，再举升至所需工作高度。

5）放开上升按钮，将车辆降低至安全保险位置，即可进行维修工作。

6）降下车辆时，应先举升车辆，将安全保险打开，再按下下降按钮使车辆缓慢下降至最低位置，移开举升臂，驶出车辆。

2. 剪式举升机的使用

1）将车辆停放在举升机上。

2）在车辆规定支撑点与举升机左右平板处摆放垫块。

3）用类似柱式举升机的操作举升及降低车辆，确保左、右两保险爪与保险齿间能够正常锁止及解锁。

 任务实施

【实施过程】

一、准备

准备车辆设备及维修工具，教师讲解或示范，进行任务实施。

二、车上认识与检修

1. 认识部件

不起动车辆，分别在手动变速器和自动变速器车辆上认识传动系统部件。

（1）手动变速器车辆

1）驾驶舱：找寻并操作检查离合踏板、制动踏板和加速踏板，找寻变速杆并挂入不同档位。

2）发动机舱：找寻发动机及变速器，找寻变速器换档拉线和换档控制器并观察换档过程。

3）车辆底部：找寻发动机、变速器、万向节、传动轴、半轴及驱动轮等。

（2）自动变速器车辆

1）驾驶舱：找寻并操作检查制动踏板和加速踏板，确认换档操纵方式并挂入不同档位。

2）发动机舱：找寻发动机及变速器，对于拉线式换档，找寻变速器换档拉线和换档转轴并观察换档过程。

3）车辆底部：找寻发动机、变速器、万向节、传动轴、半轴及驱动轮等。

2. 传动系统工作演示

驾驶技术可靠的驾驶人员坐到驾驶座椅上，地面人员举升车辆离开地面较高位置并安全锁止后，驾驶人员起动发动机并挂入不同档位，地面人员观察不同档位下（前进档、空档及倒档等）驱动轮的状态。此演示要求车辆技术良好、地面人员在车辆较远位置观察、车辆前后不能有人、严禁用手触摸驱动轮。

【实施工单】

1. 信息查询

1）手动档汽车品牌：＿＿＿＿＿＿＿，车型：＿＿＿＿＿＿，VIN：＿＿＿＿＿＿＿＿＿＿。

2）自动档汽车品牌：＿＿＿＿＿＿＿，车型：＿＿＿＿＿＿，VIN：＿＿＿＿＿＿＿＿＿＿。

2. 车上认识与检修

项目	内容及结果
手动变速器车辆	离合器踏板：□有 □无；安装牢固：□是 □否；施力脚：□左脚 □右脚；工作状况（踩下与松开回位）：□正常 □异常表现：_____ 制动踏板安装牢固：□是 □否；施力脚：□左脚 □右脚；工作状况（踩下与松开回位）：□正常 □异常表现：_____ 加速踏板安装牢固：□是 □否；施力脚：□左脚 □右脚；工作状况（踩下与松开回位）：□正常 □异常表现：_____ 变速杆安装牢固：□是 □否；档位数：_____，换档顺畅：□是 □否；换档拉线：□有 □无；安装牢固：□是 □否；工作顺畅：□是 □否 传动系统布置形式：□前置前驱 □前置后驱 □四驱；发动机油底壳漏油：□是 □否；变速器油底壳漏油：□是 □否；万向传动装置：□有 □无，万向节个数：_____；防尘罩老化：□是 □否；半轴变形：□是 □否
自动变速器车辆	制动踏板安装牢固：□是 □否；施力脚：□左脚 □右脚；工作状况（踩下与松开回位）：□正常 □异常表现：_____ 加速踏板安装牢固：□是 □否；施力脚：□左脚 □右脚；工作状况（踩下与松开回位）：□正常 □异常表现：_____ 换档操纵方式：□手柄 □按键 □旋钮 □拨片 □拨杆 □其他；档位有_____；不起动发动机，变速杆能够移动的条件：□处于点火档位 □踩下制动踏板 □按下锁止按钮 □其他：_____；换档顺畅：□是 □否；换档拉线：□有 □无；操纵机构：□拉线式 □线控式；拉线安装牢固：□是 □否，工作顺畅：□是 □否 传动系统布置形式：□前置前驱 □前置后驱 □四驱；发动机油底壳漏油：□是 □否；变速器油底壳漏油：□是 □否；万向传动装置：□有 □无，万向节个数_____；防尘罩老化：□是 □否；半轴变形：□是 □否
驱动轮旋转方向	前进档时_____，空档时_____ 倒档时_____，其他档位时_____

【实施评价】

自我收获	自我评价	教师评价
	□满意 □较满意 □不满意	□优秀 □良好 □合格 □不合格

习题与思考

一、判断题

1. 传动系统常见的布置形式主要与发动机的安装位置及汽车的驱动方式有关。（   ）
2. 行驶时，驱动轮和从动轮的转动原因是相同的。（   ）
3. 变速器按传动比的变化形式分为手动及自动变速器。（   ）
4. 所有车辆传动系统组成部件是相同的。（   ）
5. 所有自动变速器的档位一样。（   ）

二、选择题

1. 传动系统与车辆的（　　）性能关系较大。
   A. 起步　　　B. 加速　　　C. 爬坡　　　D. 通过

2. 属于汽车传动系统布置形式的有（　　）。
   A. FR　　　B. FF　　　C. MR　　　D. 4WD

3. 属于传动系统部件的有（　　）。
   A. 半轴　　　B. 变速器　　　C. 减振器　　　D. 万向节

4. 属于自动变速器类型的有（　　）。
   A. MT　　　B. AT　　　C. DCT　　　D. CVT

5. 变速器的功用有（　　）。
   A. 改变传动比，适应汽车不同条件的需要
   B. 使汽车能够倒向行驶
   C. 利用空档中断发动机向从动轮的动力传递
   D. 利用变速器作为动力输出装置驱动其他机构

三、思考简答题

1. 传动系统的作用是什么？具体功用有哪些？
2. 简述驱动轮产生驱动力的过程。

项目1 传动系统基础

任务2　驱动桥及万向传动装置检修

 任务引入

发动机的动力经变速器改变后继续传递至驱动桥，在某些传动系统装置中，动力还经万向传动装置传递为满足大转矩驱动、左右驱动轮差速及变角度动力传递的需要，驱动桥包含了主减速器、差速器及万向节、半轴等部件。这些部件的变形、磨损、老化等都会使传动系统工作异常。本任务介绍这些部件的工作过程及拆检方法，进行本任务的学习需要有齿轮传动基础知识和动力空间传递的概念。

 任务目标

1. 了解驱动桥的类型及组成。
2. 能理解驱动桥及万向传动装置组成件的工作过程。
3. 能结合维修资料，正确拆装驱动桥及万向传动装置的组成件并检查其技术状况。
4. 能初步诊断、处理驱动桥及万向传动装置的故障。
5. 培养学生主动交流及学习的能力和工匠精神。

 知识链接

车桥也称车轴，根据位置不同，车桥有前、后桥之分；根据作用不同，有支承桥、转向桥、驱动桥及转向驱动桥之分。包含有驱动部件，用来产生驱动力的车桥称为驱动桥。驱动桥位于汽车传动系统的末端，其作用是在发动机输出的转矩经过变速器后通过主减速器、差速器、半轴等传到驱动车轮，实现降速增矩、分配动力及两侧驱动轮差速等功能。驱动桥按照结构形式分类，可分为非断开式和断开式两类，如图1-11所示。

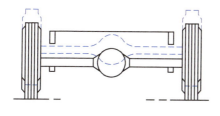　　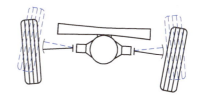

a) 非断开式驱动桥　　　　　　　　　　b) 断开式驱动桥

图1-11　驱动桥类型

非断开式驱动桥通常应用在采用非独立悬架的车辆上。非断开式驱动桥通过弹性悬架与车架连接，其桥壳是一根支承在左、右驱动车轮上的刚性空心梁，齿轮及半轴等传动部件安装在其中。由于半轴套管与主减速器壳是刚性连成一体的，非断开式驱动桥也称为整体式驱动桥，它两侧的半轴和驱动轮不能在横向平面内做相对运动。其组成如图1-12a所示。变速器将动力经万向转动装置传给后整体式驱动桥。

断开式驱动桥一般应用在采用独立悬架的车辆上，变速器固定在车架上，两侧半轴和驱动轮能在横向平面上相对于车身做相对运动。为了适应驱动轮独立上、下跳动的需要，半轴

013

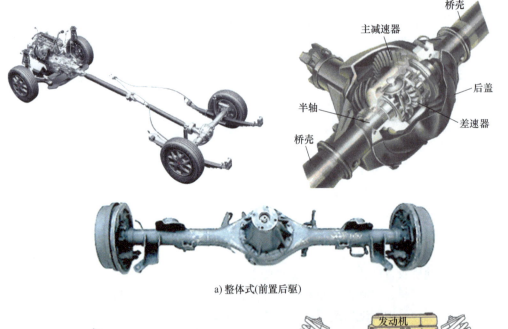

a) 整体式(前置后驱)

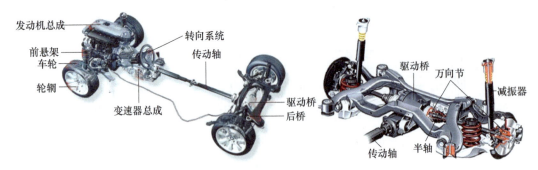

b) 断开式(前置前驱)

c) 断开式(前置后驱)

图 1-12 驱动桥的组成

各段之间用万向节连接。这种结构极大提高了车辆行驶的平顺性。

现代轿车广泛采用发动机前置前驱形式的传动系统。在该系统中,其驱动桥成为变速驱动桥,即发动机、变速器、主减速器和差速器成为一体式传动,取消了万向转动装置及桥壳,如图 1-12b 所示,变速驱动桥结构紧凑、质量较小、提高了传动效率;图 1-12c 为发动机前置断开式后驱动桥。

一、主减速器、差速器

主减速器和差速器通常集成在一起，车辆正常行驶时，经变速器各档位传递过来的动力由主减速器经差速器向后面部件继续传递。

1. 主减速器

主减速器是用来增大输出转矩的部件，是通过主动小齿轮带从动大齿轮实现减速增矩作用的。对于发动机横置前轮驱动的汽车，主减速器一般安装在变速器壳体内；对于前置后驱的汽车，主减速器一般在驱动桥壳中，主减速器还具有改变方向的作用（转矩由纵向传递变为横向传递）。

根据车辆使用要求的不同，主减速器的结构具有多种类型。按照参与减速传动的齿轮副数量来分，主减速器分为单级式和双级式两类。单级式主减速器只有一组齿轮副，具有质量小、成本低和结构简单等特点，轿车基本都采用单级式主减速器；双级式主减速器采用两个齿轮副进行减速，能够获得较大的减速比，而且能够保证汽车的离地间隙足够大。按照主减速器传动比的档位来分，主减速器分为单速式和双速式两类。单速式主减速器的传动比是固定不变的，双速式主减速器一般有两个传动比，以适应不同行驶条件的需要。按照齿轮副结构形式来分，主减速器可分为圆柱斜齿轮式、锥齿轮式和准双曲面齿轮式 3 种类型，如图 1-13a、b 所示。在前置前驱的汽车上，往往采用简单的圆柱斜齿轮式，后驱车辆多采用后两种。在横置发动机的汽车上，主减速器还有使用行星齿轮机构的，如图 1-13c 所示，齿圈固定在壳体上，太阳轮是输入件，行星架是输出件。

2. 差速器

当汽车两侧车轮的负荷不均匀或汽车进行转弯时，两侧车轮的轨迹圆半径是不相等的，如图 1-14 所示。如果驱动桥的左、右车轮刚性连接，则无论车辆转弯行驶或直线行驶，均会引起车轮在路面上的滑移或滑转。一方面会加剧轮胎磨损，加大功率和燃料消耗；另一方面会使转向变得沉重，大大降低车辆的通过性和操纵稳定性。因此，在驱动桥的左、右驱动车轮间装有差速器。

差速器是个差速传动机构，其作用是将主减速器传来的动力分配给左、右半轴，并在转弯行驶时允许左、右半轴以不同的转速旋转。安装在同一驱动桥左、右半轴之间的差速器称为轮间差速器；在多驱动桥的汽车上，安装在各驱动桥之间的差速器称为轴间差速器。差速器按照其工作特性可分为普通齿轮式差速器和防滑差速器两种类型。

（1）普通齿轮式差速器　汽车上广泛采用的普通齿轮式差速器是对称式行星锥齿轮差速器，由差速器壳（与主减速器从动齿轮一体）、半轴齿轮（两个）、行星齿轮（两个或 4 个，小型、微型汽车多采用两个）及行星齿轮轴（一字形或十字形）等组成，如图 1-15 所示。

差速器工作时，内部动力传递过程：主减速器从动齿轮→差速器壳→行星齿轮轴→行星齿轮→左、右半轴齿轮→左、右半轴→左、右驱动轮。其中，行星齿轮绕行星齿轮轴的旋转称为行星齿轮的自转；行星齿轮绕半轴轴线的旋转称为行星齿轮的公转，其工作过程及原理如图 1-16 所示。

1）汽车在直线行驶时，主减速器的从动齿轮驱动差速器壳旋转，差速器壳驱动行星齿轮轴旋转，行星齿轮轴驱动行星齿轮公转，半轴齿轮在行星齿轮的夹持下同速、同向旋转，此时，行星齿轮只公转不自转，左、右半轴齿轮转速都等于从动齿轮的转速。

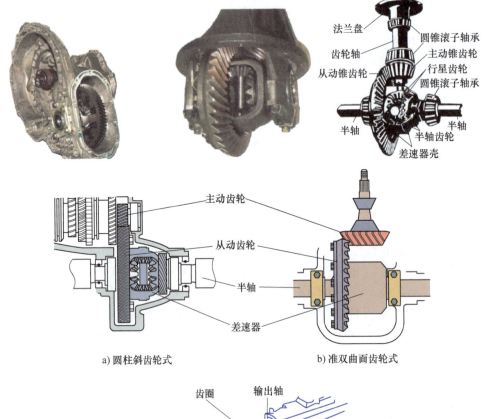

a) 圆柱斜齿轮式　　b) 准双曲面齿轮式

c) 行星齿轮机构式

图1-13 主减速器类型

2）汽车在转弯时，内、外驱动轮受到地面反作用力不同，使得行星齿轮在公转的同时也在自转，造成一侧半轴齿轮转速增加，而另一侧半轴齿轮转速降低，这样两侧车轮就可以以不同的转速旋转。此时，一侧车轮增加的转速等于另一侧车轮减少的转速。对于左、右半轴齿轮来说，其转速的总和保持不变。

差速器作为动力传递总成，其动力输入为差速器壳，输出为左、右半轴齿轮，工作特性（输入与输出之间的运动和动力关系）为：左、右半轴齿轮转速之和等于差

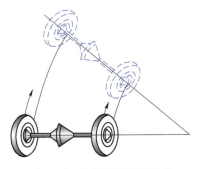

图1-14 汽车转弯时驱动轮运动示意图

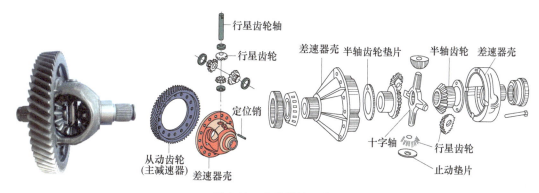

图 1-15　差速器的组成

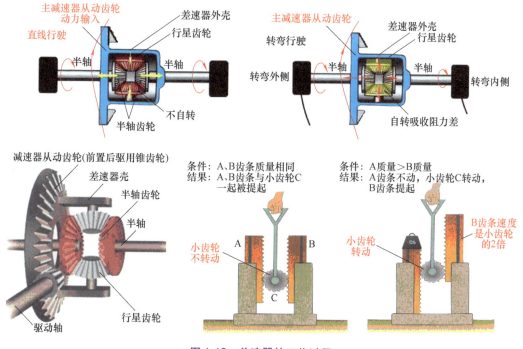

图 1-16　差速器的工作过程

速器壳转速的 2 倍；左、右半轴齿轮输出转矩近似相等（差值为差速器内部摩擦力矩），均为输入转矩的一半。

（2）防滑差速器　上述普通锥齿轮差速器转矩等量分配的特性对于汽车在好的路面上行驶是有利的，但汽车在坏路面上行驶时却严重影响其通过能力。当一侧驱动轮处于泥泞的路面因附着力小而滑转时，即使另一侧驱动轮处于附着力大的路面上未滑转，此时附着力小的路面只能对驱动轮作用一个很小的反作用力矩。由于差速器等量分配转矩的特性，附着力大的驱动轮也只能分配小的转矩，以至于总的驱动力不足以克服行驶阻力，因此汽车便陷入泥泞的路面不能行驶（燃料消耗转变为坏路面上驱动轮的高转速，没有转变为好路面上驱动轮的大转矩）。

防滑差速器（LSD）可以提高汽车在湿滑地面的通过能力，其基本原理是：当一个驱动轮打滑时，利用差速锁使差速器不起差速作用，将绝大多数动力输送给另一个驱动轮，使汽车能够继续行驶。如图1-17所示，防滑差速器可分为强制锁止差速器和自锁式差速器两大类。无防滑差速器的车辆可采用驱动轮防滑控制系统（ASR）对滑转的驱动轮施加制动力来控制驱动轮的打滑。

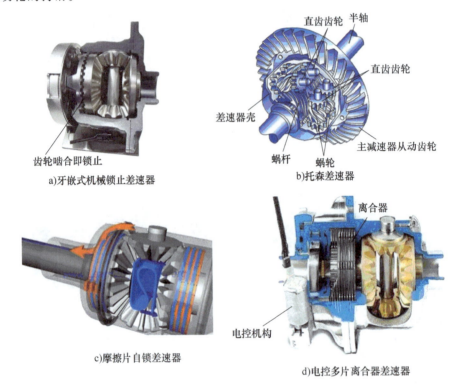

图1-17 防滑差速器

二、万向传动装置

对于断开式驱动桥，主减速器差速器总成连成一体固定在车身上。当汽车行驶时，车轮的跳动会造成驱动轮与主减速器差速器总成的相对位置发生变化，因此总成与驱动轮之间不能采用刚性连接，应使用万向传动装置，否则动力传递将无法进行。对于前置后驱的车辆，变速器与驱动桥间同样需要万向传动装置。在转向系统中，转向轴与转向器输入轴的轴线不是在同一直线上的，它们之间的转矩传递需要使用万向传动装置。

万向传动装置的作用是保证轴线相交且相对位置经常变换的转轴之间的动力传递。万向传动装置包括万向节和传动轴两部分。对于传动距离较远的分段式传动轴，为了提高传动轴的刚度，通常设置有中间支承。万向节安装在两转轴之间，实现变角度下转矩的传递。按其传递转矩方向上是否有明显的弹性，万向节可分为刚性万向节和挠性万向节。刚性万向节按其运动特性可分为等速万向节、不等速万向节和准等速万向节。

1. 等速万向节

等速万向节的主动轴匀速旋转1周，从动轴也跟着匀速旋转1周。等速万向节的常见结构形式有球笼式和三球销式。

（1）球笼式 如图1-18所示，球笼式万向节由6个钢球、内球座（内星轮、行星套）、外壳（外座圈）和球笼（保持架）等组成。球笼式万向节承载能力强、磨损小、使用寿命长，因此被广泛应用于各种型号的转向驱动桥和独立悬架的驱动桥。

球笼式万向节按主、从动轴在传递转矩过程中轴向能否产生相对移动，分为固定型球笼式万向节（RF节，常用于外侧-车轮侧，直滚道）和伸缩型球笼式万向节（VL节，用于内侧-差速器侧，斜滚道）。为了减小万向节内部的磨损，万向节内部充满了润滑脂；为避免外界污染物使润滑脂变质，加装了防尘罩并用卡箍固定。

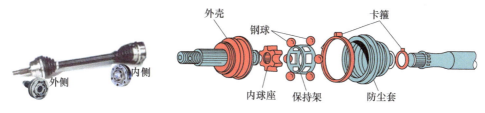

图 1-18 球笼式万向节

（2）三球销式万向节　也称为三枢轴-滚轮式万向节，不同厂家对其有不同的叫法。如图 1-19 所示，三球销式等速万向节中有一个在同一平面上带有 3 个耳轴的三销架，3 个滚子安装在上面，与壳体内滚道配合，三销架中部内花键与轴连接。此系统结构简单且价格便宜，这类万向节可轴向伸缩，用于内侧。

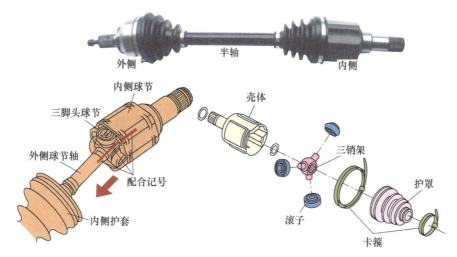

图 1-19 三球销式等速万向节

2. 不等速万向节

不等速万向节常用于转向操纵机构中，将转向盘作用力传给转向器；在前置后驱汽车上，采用不等速万向节在变速器输出轴与主减速器输入轴间传递动力，如图 1-20 所示。

最常见的不等速万向节是十字轴式万向节，如图 1-21 所示，它允许相邻两轴的最大夹角为 15°~20°。十字轴式万向节具有结构简单、传动效率高等优点。

十字轴式万向节主要由一个十字轴、两个万向节叉组成。十字轴的 4 个轴颈分别采用滚针轴承支承在万向节叉孔中，其轴向定位由螺栓和轴承盖完成，并用锁片锁止螺钉。

当单个十字轴式万向节在主动轴和从动轴之间有夹角的情况下，万向节的主动叉等角速转动时，从动叉是不等角速旋转的，这称为十字轴式万向节的不等速特性，且两转轴之间的

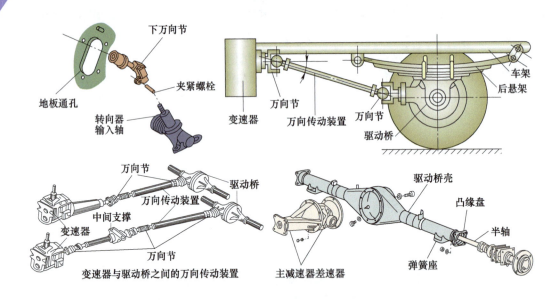

图 1-20 不等速万向节的应用

夹角越大,不等速性就越强。不等速特性会造成从动轴及其相连的传动部件产生扭转振动,从而产生附加的交变载荷,影响部件的使用寿命。因此汽车传动系统中通常采用双十字轴式万向节,如图 1-22 所示,第一万向节的不等速特性可以被第二万向节的不等速特性所抵消,从而实现输入轴和输出轴(中间轴仍是不等速)的等角速度传动。要实现等角速度传动,必须要满足两个条件:第一万向节两轴间夹角 α_1 与第二万向节两轴间夹角 α_2 必须相等;第一万向节的从动叉与第二万向节的主动叉处于同一平面上。

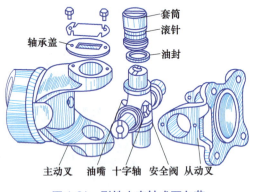

图 1-21 刚性十字轴式万向节

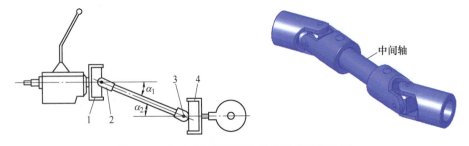

图 1-22 双十字轴刚性万向节等速传动示意图
1、3—主动叉 2、4—从动叉

由于不可能在任何时候都保证 α_1 与 α_2 相等,因此,这种双十字轴刚性万向节的传动只能近似地解决等速传动问题,且由于两轴夹角最大只能是 20°左右,因此在使用上受到一定限制。

3. 准等速万向节

准等速万向节是在双十字轴式万向节的基础上改进而成的，只能近似地实现等速传动，所以称为准等速万向节。常见的准等速万向节有双联式和三销轴式两种形式。

（1）双联式准等速万向节　双联式准等速万向节由两个十字轴万向节组合而成，如图 1-23 所示。双联叉相当于传动轴及两端处于同一平面上的两个万向节叉。若要实现两个传动轴的角速度相等，应保证两轴间的夹角相等，即 $\alpha_1 = \alpha_2$。双联式万向节的优点是允许两轴间的夹角较大（一般可达 50°），轴承密封性好，效率高，工作可靠，制造方便，其缺点是结构较复杂，外形尺寸较大。

（2）三销轴式准等速万向节　三销轴式准等速万向节是由双联式准等速万向节演变而来。它主要由两个偏心轴叉、两个三销轴和 6 个滚针轴承组成，如图 1-24 所示。

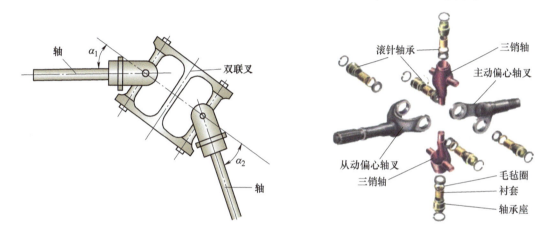

图 1-23　双联式准等速万向节　　　　　图 1-24　三销轴式准等速万向节

4. 挠性万向节

挠性万向节依靠弹性元件的弹性变形来保证两转轴之间在传动时不发生机械干涉，并使动力顺利传递。挠性万向节一般用于两轴夹角不大于 5°且轴向位移很小的万向传动装置中。其优点是能够消除制造安装误差和车架变形对传动的影响；能够吸收冲击，衰减扭转振动；结构简单，不需要润滑。

5. 传动轴

对于前置后驱的车辆，安装于变速器与后驱动桥间的传动轴部件由传动轴及其两端焊接的花键轴和十字轴万向节叉组成。汽车行驶过程中，变速器与驱动桥的相对位置经常变化，为避免运动干涉，传动轴用由滑动叉和花键轴组成的滑动花键连接，以适应传动轴长度的变化，如图 1-25a 所示。传动轴在高速旋转时，由于质量不均衡引起的离心力将使传动轴发生剧烈振动。因此，当传动轴与万向节装配后必须进行动平衡。平衡后，在滑动叉与传动轴上刻上箭头记号，以便拆卸后重装时保持两者的相对角位置不变。传动轴过长时，自振频率降低，易产生共振，故常将其分为两段并加中间支承，如图 1-25b 所示。为了得到较高的强度和刚度，传动轴多做成空心的，一般用厚度为 1.5~3.0mm 的薄钢板卷焊而成。超重型货车的传动轴直接采用无缝钢管。

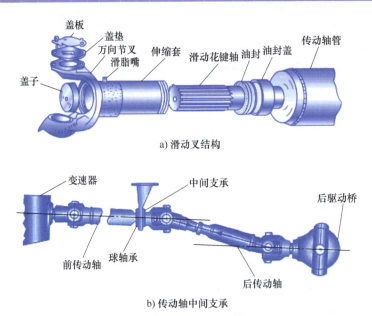

图 1-25 万向传动装置

三、半轴及轮毂轴承

1. 半轴

半轴是在差速器与驱动轮之间传递动力的实心轴,半轴内侧通常与半轴齿轮花键连接,半轴外侧在轮毂轴承支撑下将动力转矩传递给驱动轮。

断开式驱动桥的半轴一般为分段式并用等速万向节连接,如图 1-26 所示。

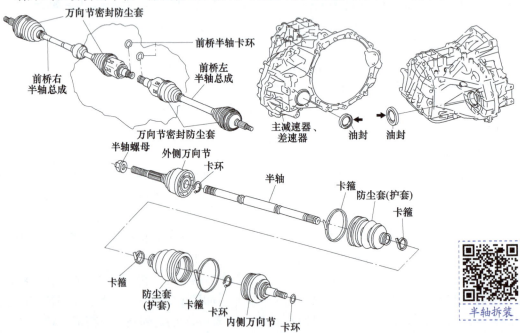

图 1-26 分段式半轴

对于整体式驱动桥的半轴,半轴与驱动轮的轮毂在桥壳上的支承形式决定了半轴的受力状况,有全浮式半轴支承和半浮式半轴支承两种支承形式,如图1-27所示。

(1) 全浮式半轴支承　采用全浮式半轴支承驱动桥的轮毂通过两个相距较远的圆锥滚子轴承安装在桥壳上。半轴内端用花键与差速器的半轴齿轮连接,外端路面对驱动轮的作用力以及由它们形成的弯矩直接由轮毂通过锥轴承传给桥壳,完全不用半轴来承受。同样,内端作用在主减速器从动齿轮上的力及弯矩全部由差速器壳直接承受。因此,在这种形式的半轴支承结构中,半轴只承受转矩,两端均不承受任何反力和反力矩,故称为全浮式半轴。

全浮式支承的半轴易于拆装,只要拆卸半轴凸缘上的螺钉,就可将半轴从半轴套管中取出,而车轮和车桥依然能够支承住汽车。

(2) 半浮式半轴支承　这种形式的半轴内端支承方式与全浮式相同,半轴内端不承受力及弯矩。半轴的外端与轮毂轴承内圈用花键联结,并由螺母紧固。因此车轮上的全部反作用力要经过半轴传递给驱动桥壳。因半轴内端不受弯矩,而外端却承受全部弯矩和转矩,故称为半浮式。由于这种支承结构简单,所以被广泛应用于各类轿车上。

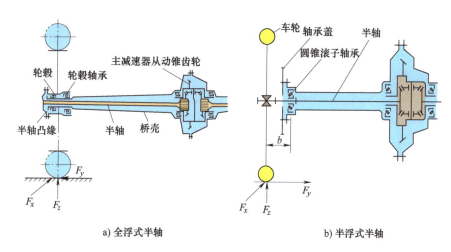

图1-27　整体式半轴

2. 轮毂轴承

轮毂轴承的主要作用是承载重量和为轮毂的转动提供精确引导,这就要求它不仅能承受轴向载荷还要承受径向载荷,如图1-28所示。通常,根据半轴类型,驱动轮轮毂轴承内圈有传动花键。当前,轮毂轴承单元采用了轴承单元和防抱死制动系统相配合,通常是免维护的。

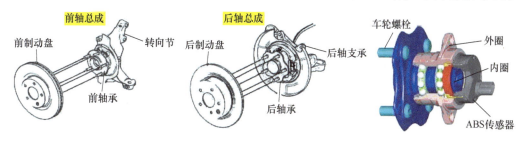

图1-28　轮毂轴承

任务实施

驱动桥常见故障有主减速器、差速器、半轴、轴承和油封等长期承受冲击载荷，使其各配合副加剧磨损，导致驱动桥过热、异响和漏油；半轴变形锈蚀导致的振动及护套老化损坏导致的漏脂。

【实施过程】

一、准备

准备车辆设备、维修资料、拆装与测量工具，教师讲解或示范，进行任务实施。

二、车上认识与检修

按照维修资料步骤拆卸半轴总成，检查万向节、护套卡箍、花键、卡环及油封等状况，根据要求更换或修理后安装。

三、车下认识与检修

1. 球笼式万向节拆检

1）固定半轴总成并用抹布清洁万向节总成。

2）使用螺钉旋具或专用工具，拆卸内侧防尘罩卡箍。

3）拆下卡环，做好装配标记，从半轴上拆卸内万向节（卡环装在万向节外侧，用外卡环钳张开取下卡环，取下内万向节）。

4）取下内侧防尘罩并清除旧的润滑脂。

5）拆卸外万向节卡箍并清除旧的润滑脂，从半轴上拆卸外侧万向节（卡环装在万向节内部，用锤子敲击或专用工具拉出万向节外座圈，使外万向节与半轴脱开）。取下外侧防尘罩并清除旧的润滑脂。

6）分解内、外万向节。

外万向节分解：

①如图 1-29a 所示，将万向节固定于台虎钳上，用铜棒敲击，旋转内球座及球笼不同角度，依次取下钢球。

②转动球笼直到两个方孔与外座圈对正，连同内球座一起取出球笼，如图 1-29b 所示。

③把内球座上扇形齿旋入球笼的方孔，从后方取出内球座，如图 1-29c 所示。

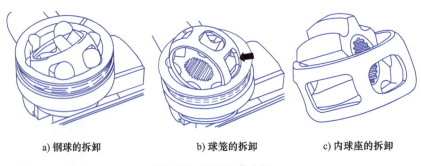

a) 钢球的拆卸　　b) 球笼的拆卸　　c) 内球座的拆卸

图 1-29　外万向节分解

内万向节分解：

①用力转动内球座和球笼，按图 1-30a 中箭头所示方向压出球笼里的钢球。

②如图 1-30b 所示，倾斜内球座，从球笼里取出内球座。

7）万向节总成检查。将内、外万向节各自的内、外座圈和球笼及钢球清洗干净，检查它们的磨损情况，如有沟槽、剥落、斑点等磨损，应更换万向节总成。

8）内万向节的组装及安装。

①将带钢球与内球座的球笼垂直装入壳体。旋转内球座，使外座圈上如图1-31a所示的宽间隔 a 对准内球座上的窄间隔 b，转动球笼以便嵌入到位。注意内球座正、反面方向。

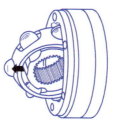
a) 钢球的拆卸

b) 内球座的拆卸

图1-30 内万向节分解

②如图1-31b所示，扭转内球座，这样内球座就能从球笼中转出，使钢球与外座圈中的球槽相配合。

③按照图1-31c中箭头所示的方向用力挤压球笼，使有钢球的内球座完全转入外座圈内。

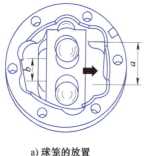
a) 球笼的放置

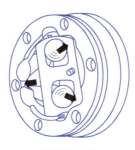
b) 钢球的对正

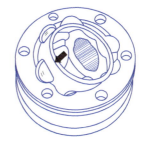
c) 内球座的安装

图1-31 内万向节组装

④用手将内球座在轴向范围内来回推动，如果灵活，表示装配正确。

⑤组装后，使万向节内充满润滑脂，安装到半轴上，更换新的卡环。

9）外万向节组装及安装

①参照分解方法，将球笼连同内球座一起装入外座圈中。注意内球座正、反面方向。

②在对角交替地压入钢球时，须保持内球座在球笼以及外座圈内的原先位置。

③安装后，将球笼内充满润滑脂，更换新的卡环，用铜锤敲击外座圈使卡环穿过内球座，轴向用力拉试，确保半轴安装到位。

10）将防尘套装在半轴上的指定位置，涂抹润滑脂。注意装防尘罩时将轴端花键用胶带缠上，防止刮破防尘罩。

11）用专用工具固定新的大、小卡箍。

12）检查半轴总成的组装情况是否良好、有无异响。

2. 万向传动装置的检修

（1）十字轴万向节拆检

1）拆卸打开锁片的锁爪，拆下轴承盖固定螺栓，取下锁片和轴承盖。用手推出轴承套筒及滚针。对于较紧的轴承，可用手握住传动轴或伸缩套，用锤子敲击万向节叉，使十字轴撞击轴承套筒,振出滚针。

2)万向节分解完成后,需要用汽油清洗各零件,以便暴露出零件的损伤、磨损情况,而且应按以下要求检查和修复。

①检查滚针轴承,如果滚针断裂、油封失效,应更换新件。

②检查十字轴轴颈磨损、压痕剥落等情况。十字轴轴颈轻微磨损、轻微压痕或剥落,仍可继续使用,如果轴颈磨损严重、严重压痕或严重剥落时,应予以更换。

③检查万向节叉不得有裂纹或其他严重损伤,否则更换新件。

④按与拆装相反顺序将万向节装配完毕后,可用手扳动十字轴进行检验,如图1-32a所示,以转动自如、没有松旷感觉为合适。若装配过紧或过松,应查明原因,必要时应重新装配。

(2)传动轴检查

1)传动轴轴管不得有裂纹及严重的凹瘪。

2)检查传动轴的弯曲变形。超过规定时,应对传动轴进行校正或更换。

3)传动轴花键与滑动叉花键、凸缘叉与所配合花键的侧隙不大于固定值,装配后应能滑动自如。

4)检查传动轴轴管全长上的径向圆跳动,如图1-32b所示,应符合规定。

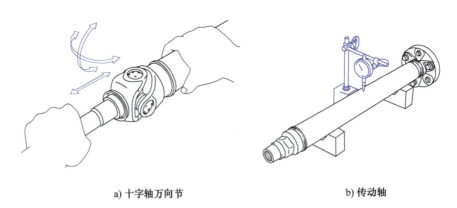

a)十字轴万向节　　　　　　b)传动轴

图1-32　万向传动装置检查

3. 主减速器差速器检查

(1)柱形主减速器　用于变速驱动桥的柱形主减速器差速器总成安装于变速器壳体内,在项目2中将对其进行拆装认识。

(2)锥形主减速器　锥形主减速器一般采用圆锥滚子轴承支撑,对其拆装、检查较为严格。其检查如下:

1)检查主减速器齿轮有无裂纹、划痕、剥落。

2)检查凸缘的轴向和径向圆跳动。

3)检查主减速器从动齿轮的端面摆差。

4)检查主减速器齿轮啮合间隙,如图1-33a所示,一手固定主减速器动力输入轴,另一手晃动从动齿轮。

5)检查行星齿轮与半轴锥齿轮啮合间隙,如图1-33b所示。

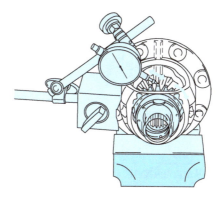

a) 主减速器齿轮啮合间隙　　　b) 行星齿轮与半轴锥齿轮啮合间隙

图 1-33　检查间隙

4. 锥形主减速器装配

一般不分解主减速器从动齿轮和差速器壳体。安装时，主减速器的调整是决定主减速器锥齿轮副的使用寿命的关键。必须遵守调整规范：先调整轴承的预紧度，再调整啮合印痕，最后调整啮合间隙。

（1）轴承的预紧度　检查主动锥齿轮轴承预紧度的方法是在不安装油封或安装油封（不同车型要求不同）时，按规定拧紧紧固螺母后，应能转动自如，或检查起动力矩是否正常。预紧度调整方法有两种：前轴承内圈下加、减调整垫片或用一个弹性衬套，如图 1-34 所示。

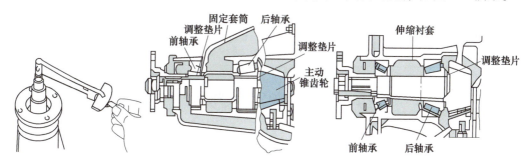

图 1-34　检查起动力矩及调整方法

单级主减速器的驱动桥从动锥齿轮轴承（即差速器轴承）预紧度检查方法是：在安装差速器总成、调整螺母（螺纹一定要对好）和轴承盖（左、右不要装反）后，慢慢转动两侧调整螺母，同时慢慢转动差速器总成，使轴承滚子处于正确位置，如图 1-35 所示。也可用转动差速器总成的力矩来衡量。

（2）啮合印痕调整　先在主动锥齿轮轮齿上涂满丹红，对从动锥齿轮施加一定阻力，正、反转动主动锥齿轮几圈，观察从动锥齿轮上的啮合位置。正、反转印痕正常位置如图 1-36a 所

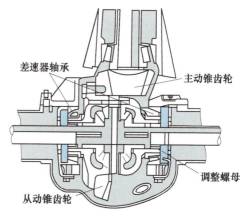

图 1-35　从动锥齿轮轴承预紧度调整

示。对于螺旋锥齿轮，印痕的调整是按照"大进从，小出从；顶进主，根出主"口诀进行，如图 1-36b 所示。

a) 正反转印痕

从动齿轮面接触区		调整方法	齿轮移动方向
前驱	倒车		
		将从动齿轮向主动齿轮移近，若这时齿隙过小，则将主动齿轮向外移开	
		将从动齿轮自主动齿轮移开，若这时齿隙过大，则将主动齿轮移近	
		将主动齿轮向从动齿轮移近，若这时齿隙过小，则将从动齿轮移开	
		将主动齿轮自从动齿轮移开，若这时齿隙过大，则将从动齿轮移近	

b) 调整方法

图 1-36　啮合印痕及调整

（3）齿轮啮合间隙调整　啮合间隙的检查如上所述，其调整是通过旋转调整螺母来改变从动锥齿轮位置实现的。为了保证已调好的圆锥滚子轴承的预紧度不变，一端螺母拧进的圈数应等于另一端螺母拧出的圈数。

【实施工单】

1. 信息查询

变速器类型：□MT □AT □CVT □DCT，型号：_____，传动系统布置形式：_____；半轴拆装维修手册查询路径：_____，拆装工具：_____；

前置后驱车辆，万向传动装置总成拆装维修手册查询路径：_____，拆装工具：_____。

2. 车上认识与检修

项目	内容及结果
驱动桥	驱动桥类型：□断开式 □整体式，半轴类型：□分段式 □全浮式 □半全浮式，轮毂轴承：□正常 □异响 □其他表现：_____，半轴总成内外连接花键：□正常 □磨损 □其他表现：_____，半轴油封：□正常 □磨损 □其他表现：_____，差速器半轴齿轮与内段半轴连接：□正常 □异常，内外侧万向节类型：_____，内外万向节技术状况：□正常 □卡滞，内段半轴防脱落方式：□卡环阻挡 □螺栓紧固，半轴螺母拧紧力矩：_____ □正常 □异常

3. 车下认识与检修

项目	内容及结果
等速万向节	球笼万向节组成部分磨损、变形或其他异常的有：□钢球 □保持架 □外滚道 □内球座 □卡环等；三球销万向节组成部分磨损、变形或其他异常的有：□滚道 □滚轮 □三销架 □卡环等
锥形主减速器差速器	主减速器传动比为_____，主动锥齿轮轴支撑于_____，动力传递状况：□正常 □异常，轴承预紧度：□正常 □异常，啮合印痕：□正常 □异常，啮合间隙：□正常 □异常 差速器行星齿轮轴安装于_____，行星齿轮数目为_____，半轴齿轮内花键：□正常 □磨损 □其他表现：_____，调整螺母花纹：□正常 □磨损，轴承盖螺栓拧紧力矩_____，动力传递状况：□正常 □异常表现：_____，对照实物，指出差速器的工作过程：_____
万向传动装置	传动轴滑动：□正常 □异常，传动轴跳动量：□正常 □异常，十字轴万向节：□正常 □异常

【实施评价】

自我收获	自我评价	教师评价
	□满意 □较满意 □不满意	□优秀 □良好 □合格 □不合格

习题与思考

一、判断题

1. 前置前驱车辆常采用断开式驱动桥。（   ）
2. 单级主减速器在不同的变速器档位下，减速增矩效果不同。（   ）
3. 差速器的差速是因左、右驱动轮受地面作用力不同而自动起作用的。（   ）
4. 整体式半轴的内侧主要承受弯矩作用力。（   ）
5. 不同类型的万向节能够承受的转矩能力不同，但它们可实现相同的转轴角度。（   ）

二、选择题

1. 属于断开式驱动桥部件的有（   ）。
A. 半轴　　　　B. 万向节　　　　C. 主减速器　　　　D. 差速器

2. 属于差速器组成的有（   ）。
   A. 差速器壳体   B. 半轴齿轮   C. 行星齿轮   D. 行星齿轮轴
3. 属于球笼式等速万向节组成的有（   ）。
   A. 钢球   B. 内球座   C. 外壳   D. 球笼
4. 主减速器齿轮形状常有（   ）。
   A. 圆柱直齿   B. 圆柱斜齿   C. 锥齿轮   D. 准双曲面齿轮
5. 采用双十字轴万向节实现等速传递的条件是（   ）。
   A. 第一万向节两轴间夹角与第二万向节两轴间夹角必须相等
   B. 第一万向节两轴间夹角与第二万向节两轴间夹角不必相等
   C. 第一万向节的主动叉与第二万向节的主动叉处于同一平面上
   D. 第一万向节的从动叉与第二万向节的主动叉处于同一平面上

三、思考简答题

1. 解释安装普通差速器的汽车在坏路面上行驶通过能力较差的原因。
2. 简述整体式和断开式驱动桥组成的异同。

 素养课堂

安全与环保

在汽车传动系统的检修中，安全隐患主要是车辆起步的误操作、举升机的突发故障、工具使用的不当、部件拆装的跌落、部件拆解时的砸伤和划伤、自动变速器试验准备不足、油液的烫伤、电路检修的错误操作及维修质量不合格的事故等。

张师傅是一家维修站的维修班班长，在一次举升车辆检测变速器漏油状况时，接打一个紧急电话，忘了对举升机一侧进行解锁，使得车辆降落时车辆倾斜，险些发生车辆侧翻跌落而造成重大事故，幸好有组员及时提醒。事故的发生有其偶然性，也有其必然性，唯有生产活动时集中精力，不麻痹大意、不侥幸才可避免。

汽车传动系统环保主要涉及油液、油脂、护套、密封件及机械电子部件的更换处理等，按环保技术要求对它们分类处理是技术人员必须重视的。

项目 2　机械手动变速器检修

任务1　离合器检修

任务引入

采用机械手动变速器的汽车起步操作及档位变换需要断开动力传递,正常行驶则需要接通动力传递,大都采用干式摩擦离合器来实现,摩擦力的产生与取消,须由驾驶人通过操纵机构来控制。较高频率的接合、分离及长期使用,会造成技术状况的变化,将影响传动系统的工作。本任务介绍干式摩擦离合器的工作原理及检修方法,进行本任务的学习需要有摩擦力的概念。

任务目标

1. 掌握离合器的作用及组成。
2. 能理解离合器的工作过程。
3. 能结合维修资料,正确拆解离合器并检查其技术状况。
4. 能初步诊断、处理离合器的故障。
5. 培养学生主动交流及学习的能力和工匠精神。

知识链接

机械手动变速器传动系统中,发动机的动力首先经离合器再传递给变速器,离合器起到接通或切断动力的作用。其具体功用有:

1) 使发动机与传动系统逐渐接合,保证汽车平稳起步。汽车起步时,驾驶人缓慢抬起离合器踏板,使离合器的主、从动部分逐渐接合,与此同时逐渐踩下加速踏板以增加发动机的输出转矩,这样发动机的转矩便可由小到大传给传动系统。当牵引力足以克服汽车起步时的行驶阻力时,汽车便由静止开始缓慢加速,实现平稳起步。

2) 暂时切断发动机的动力传动,保证手动变速器换档平顺。手动变速器换档时踩下离合器踏板,中断发动机的动力传递,便于退出原有齿轮副的啮合、进入新齿轮副的啮合。

3）限制所传递的转矩，防止传动系统过载。有了离合器，当传动系统承受载荷超过离合器所能传递的最大转矩时（如紧急制动），离合器会通过主、从动部分之间的打滑来消除这一危险，从而起到过载保护的作用。

根据离合器的功用，它应满足下列主要要求：
① 保证可靠地传递发动机的最大转矩且能防止传动系统过载。
② 接合时平顺柔和，保证汽车平稳起步，减少冲击。
③ 分离时迅速彻底，保证变速器换档平顺和发动机起动顺利。
④ 旋转部分的平衡性好，且从动部分的转动惯量小。
⑤ 具有良好的通风散热能力，防止离合器温度过高。
⑥ 操纵轻便，以减轻驾驶人的疲劳。

一、离合器的组成

1. 膜片弹簧式离合器

具有机械式传动系统的汽车上广泛应用的离合器是膜片弹簧式离合器，由主动部分、从动部分、压紧分离机构和操纵机构组成，如图2-1所示。

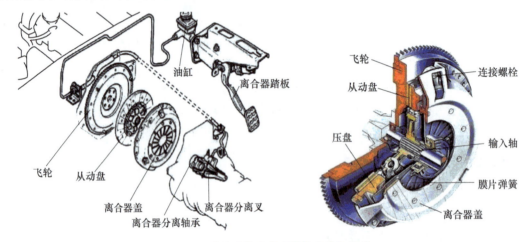

图2-1 膜片弹簧式离合器的安装与组成

（1）主动部分 主动部分由飞轮、离合器盖和压盘等组成，如图2-2所示。离合器盖通过螺栓固定在飞轮上，离合器盖和压盘实际上是个总成，压盘和离合器盖之间是通过周向均匀分布的3组或4组传动片来传递转矩的。传动片用弹簧钢片制成，每组两片，一端用铆钉铆在离合器盖上，另一端用螺钉连接在压盘上。在离合器分离和接合过程中，依靠弹簧钢片的弯曲变形适应压盘前后的移动。正常工作时，离合器盖通过传动片拉动压盘旋转，对压盘起传动、导向和定心作用。

（2）从动部分 从动部分由单片、双片或多片从动盘组成，它将主动部分通过摩擦传来的动力传给变速器的输入轴。从动盘由从动盘本体、摩擦衬片和从动盘毂3个基本部分组成，如图2-3所示。为了避免转动方向的共振，缓和传动系统受到的冲击载荷，大多数汽车都在离合器的从动盘上装有扭转减振器。离合器接合时，发动机发出的转矩经飞轮和压盘传给了从动盘两侧的摩擦片，带动从动盘本体和与从动盘本体铆接在一起的减振器盘转动，从

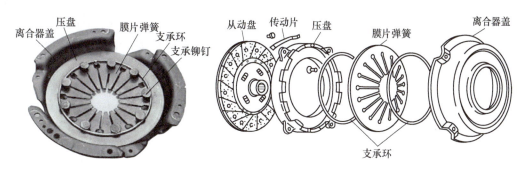

图2-2 主动部分及分解图

动盘本体和减振器盘通过几个减振弹簧把转矩传给从动盘毂,从动盘毂中部内花键与变速器输入轴前端外花键配合连接传递动力。因为有弹性环节的作用,所以传动系统受的转动冲击可以在此得到缓和。传动系统中的扭转振动会使从动盘毂相对于从动盘本体和减振器盘来回转动,夹在它们之间的阻尼片靠摩擦消耗扭转振动的能量,将扭转振动衰减下来。

为了使汽车能平稳起步,离合器应能柔和接合,这就需要从动盘在轴向具有一定弹性。为此,往往在从动盘本体圆周部分沿径向和周向切槽,再将分割形成的扇形部分沿周向翘曲成波浪形,两侧的两片摩擦片分别与其对应的凸起部分相铆接。这样从动盘被压缩时,压紧力随翘曲的扇形部分被压平而逐渐增大,从而达到接合柔和的效果。

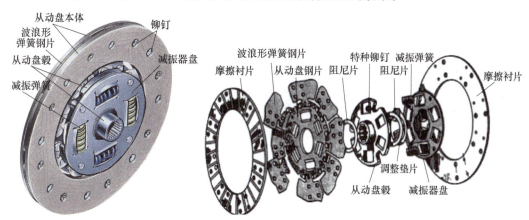

a) 分解图

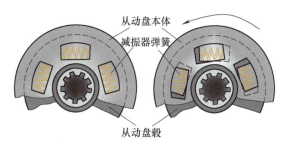

b) 减振弹簧不传力　　c) 减振弹簧传力

图2-3 带扭转减振器的从动盘

（3）压紧、分离机构　压紧、分离机构主要指膜片弹簧、膜片弹簧与主动部分一起旋转。如图2-4a所示，膜片弹簧为凹形碟状，其径向开有若干切槽，形成弹性杠杆。切槽末端有圆孔，固定铆钉穿过圆孔并固定在离合器盖上。膜片弹簧两侧装有钢丝支承环，这两个钢丝支承环是膜片弹簧工作时的支点。膜片弹簧的外缘压在压盘的环形台上。

当离合器盖未安装到飞轮上时，膜片弹簧不受力而处于自由状态，此时离合器盖与飞轮之间有一个距离S，如图2-4b所示。当离合器盖通过螺栓固定在飞轮上时，膜片弹簧在支承环处受压产生弹性变形，此时膜片弹簧的外圆周对压盘产生压紧力使离合器处于接合状态，如图2-4c所示。当踩下离合器踏板时，分离轴承推动膜片弹簧内端，使膜片弹簧以支承环为支点，外缘向后翘起，拉动压盘后移使离合器分离，如图2-4d所示。

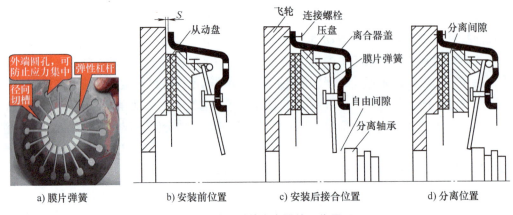

图2-4　膜片弹簧离合器的工作原理

膜片弹簧既是接合状态下的压紧弹簧，又是分离过程中的分离杠杆，使离合器的结构简化了。另外，膜片弹簧的弹簧特性优于周布圆柱螺旋弹簧，所以膜片弹簧离合器的应用越来越广泛，在各种车型上都有应用。

2. 周布弹簧式离合器

在部分车辆上使用了周布弹簧离合器，其结构如图2-5所示。

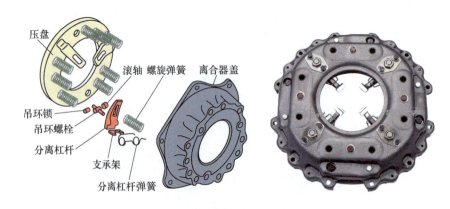

图2-5　周布弹簧离合器的结构

（1）主动部分和从动部分　周布弹簧离合器的主动部分、从动部分的结构与膜片弹簧离合器基本相同。

（2）压紧机构　周布弹簧离合器的压紧机构由若干根螺旋弹簧组成，螺旋弹簧沿压盘周向对称布置，装在压盘和离合器盖之间。

（3）分离机构　由分离杠杆及其安装件组成。

二、工作过程

1. 接合状态

离合器在接合状态下，操纵机构各部件在回位弹簧的作用下回到各自位置，膜片弹簧或分离杠杆的内端与分离轴承之间保持有一定的间隙，压紧弹簧（膜片或螺旋弹簧）将飞轮、从动盘和压盘三者压紧在一起，发动机的转矩经过飞轮及压盘通过从动盘左右两侧摩擦面的摩擦作用传给从动盘，再传给变速器输入轴，如图2-6所示。

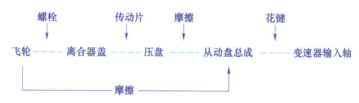

图2-6　动力传递过程

2. 分离过程

如图2-7a所示，分离离合器时，驾驶人踩下离合器踏板，分离套筒和分离轴承在分离叉的推动下，先消除分离轴承与膜片弹簧或分离杠杆内端之间的间隙，然后推动膜片弹簧或分离杠杆的内端前移，使膜片弹簧或分离杠杆外端带动压盘克服压紧弹簧作用力后移，摩擦作用消失，离合器的主、从动部分分离，中断动力传递，处于分离状态。

3. 接合过程

如图2-7b所示，接合离合器时，驾驶人缓慢抬起离合器踏板，在压紧弹簧的作用下，压盘向前移动并逐渐压紧从动盘，使接触面间的压力逐渐增大，摩擦力矩也逐渐增大；当飞轮、压盘和从动盘之间接合不紧密时，所能传动的摩擦力矩较小，离合器的主、从动部分有转速差，离合器处于打滑状态；随着离合器踏板的逐渐抬起，飞轮、压盘和从动盘之间的压

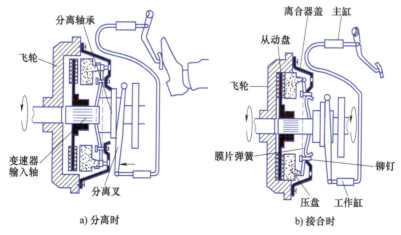

a) 分离时　　　　　　　　b) 接合时

图2-7　离合器工作原理

紧程度逐渐紧密，主、从动部分的转速渐趋相等，直到离合器完全接合而停止打滑，接合过程结束，进入接合状态。

在离合器正常接合状态下，膜片弹簧或分离杠杆内端与分离轴承之间应留有一个间隙，一般为几毫米，这个间隙称为离合器自由间隙。如果没有自由间隙，从动盘摩擦片磨损变薄后压盘将不能向前移动压紧从动盘（因分离轴承顶着分离杠杆或膜片弹簧内端），这将导致离合器打滑，使离合器所能传递转矩下降，车辆行驶无力，而且会加速从动盘的磨损。为了消除离合器的自由间隙和操纵机构零件的弹性变形所需要的离合器踏板行程称为离合器踏板自由行程，如图2-8所示。其调整有自调式和手调式两种。

离合器处于完全分离状态时，从动盘与飞轮、压盘三者之间的间隙之和称为离合器分离间隙；离合器踏板工作行程是指与分离间隙所对应的行程；离合器踏板总行程等于自由行程与工作行程之和。

三、离合器操纵机构

离合器操纵机构是驾驶人借以使离合器分离、使之柔和接合的机构，它起始于离合器踏板（位于驾驶室），终止于分离杠杆。按照分离离合器时所需操纵能源的不同，离合器操纵机构分为人力式和助力式两种。人力式操纵机构可以分为机械式和液压式两种；助力式操纵机构可以分为气压助力式和弹簧助力式两种。液压式操纵机构的示意图如图2-9所示，主要由离合器踏板、储液罐、软管、主缸、工作缸、分离拨叉等组成。

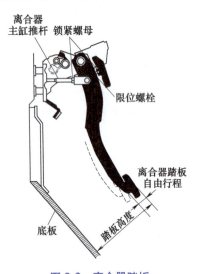

图2-8 离合器踏板

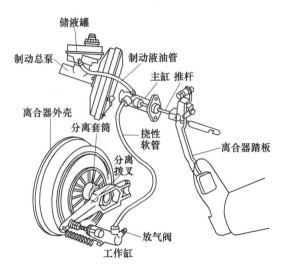

图2-9 离合器液压式操纵机构

1. 主缸

如图2-10所示，主缸也称为总泵，主要由主、副油封（也称为皮碗）和双活塞等组成。主油封密封活塞左侧的压力腔，副油封提供活塞外部的密封。离合器分离时，主、副油封之间的油腔通过补偿孔与储液罐相连接；离合器接合时，压力腔与储液罐之间可以通过补偿孔进行容积补偿。踩下离合器踏板，只要活塞向左移动越过补偿孔，压力腔即开始建立液体压力并传递给工作缸。不同车辆所用主缸构造及工作过程有差别。

2. 工作缸

工作缸也称为分泵,主要由壳体、活塞及其密封圈(油封)、放气阀、推杆等组成。踩下离合器踏板时,从主缸来的液压油进入工作缸,推动活塞向左移动,传递给推杆、分离拨叉、分离轴承,实现离合器分离。松开离合器踏板时,回位弹簧使工作缸和主缸活塞返

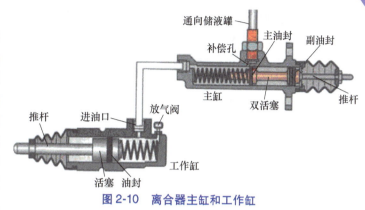

图 2-10 离合器主缸和工作缸

回到原始位置,此时离合器处于接合状态。液压式操纵机构有利于踏板与离合器之间的远距离布置,可以增加传递的踏板力,实现力的无损失传递。

3. 分离轴承

分离轴承主要由轴承、分离套管等组成。分离轴承一般采用两端密封的滚珠轴承,并通过分离套管安装在变速器输入轴上,有预紧弹簧弹力作用的分离轴承前端始终抵住分离杠杆或膜片弹簧的内端(没有预留自由间隙)。分离轴承使膜片弹簧或分离杠杆内端可一边旋转一边轴向移动,从而保证了离合器能够接合平顺,分离彻底。

分离轴承根据其控制方式可分为机械式和液压式两种类型。如图 2-11a 所示,机械式分

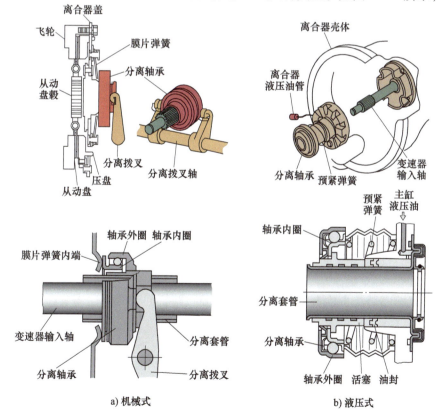

图 2-11 分离轴承的类型

离轴承是一种密封式轴承，一般轴承的外圈是固定的，轴承的内圈与膜片弹簧内端相接触并可以一起转动，分离轴承可在分离套管上轴向移动推动膜片弹簧内端，使离合器分离。如图2-11b所示，液压式分离轴承是一种使用离合器工作缸直接推动的轴承，简化了机械操纵结构。这种分离轴承与离合器液压式操纵机构的工作缸集成一体，形成了一套操纵控制组件，并被安装在离合器壳体里面。来自离合器主缸的液压油推压离合器工作缸的活塞，使活塞在分离套管上移动，从而推动分离轴承使离合器分离。

 任务实施

【常见故障】

离合器常见故障有离合器打滑、离合器分离不彻底、离合器"闯车"、离合器异响、离合器发抖等。

离合器打滑即压盘与从动盘、从动盘与飞轮之间在传递动力的时候发生滑转而不能使足够的动力传递出去的故障现象。它主要表现在当汽车起步、爬坡、载重量较大时，离合器踏板虽已完全放开，但发动机的动力不能完全地传递给驱动轮，使车轮运转；或当汽车需加速时车速提不上来；当打滑现象严重或打滑时间较长时会造成摩擦片产生大量的热，甚至散发出焦味。

离合器分离不彻底是指在汽车起步或运行过程中需要换档时，离合器踏板已踩到底，但还是挂档困难，出现"嗒嗒"的打齿声；如果强行挂入档，离合器还没有抬起，汽车就出现前冲现象，发动机熄火。

离合器机件的长期使用会造成疲劳损坏，或由于其他原因会造成离合器异响，离合器异响状态与发动机及车辆运行状况有关。离合器的断续接合会造成"闯车"现象发生。

【实施过程】

一、准备

准备车辆设备、维修资料、拆装与测量工具，教师讲解或示范，进行任务实施。

二、车上认识与检修

1. 查找离合器操纵机构部件，识读有关电路并检查工作情况

2. 对离合器系统进行检修

（1）检查离合器储液罐液面高度　检查主缸储液罐内离合器液面（制动液）的高度，如果低于"Min"的标记，则应补加。

（2）检查离合器液压操纵机构是否泄漏　液压操纵机构泄漏检查主要是检查主缸与油管、工作缸与油管及油封等部位是否有离合器液的泄漏痕迹。

（3）检查离合器踏板

1）踩下离合器踏板，检查是否存在下述故障：踏板回弹无力、异响、踏板过度松动、踏板沉重。

2）检查离合器踏板高度，离合器踏板高度的调整可以通过踏板上部的限位螺栓进行。

3）检查离合器踏板自由行程。用一个直尺抵在驾驶室地板上，先测量踏板完全放松时的高度，再用手轻按踏板，当感到阻力增大时测量踏板高度。两次测量的高度差即为踏板的自由行程。液压式操纵机构一般是调整主缸推杆的长度，先将主缸推杆锁紧螺母旋松，然后转动主缸推杆，从而调整踏板自由行程。调整后，应将锁紧螺母旋紧。有些车辆的操纵机构

具有自调装置或者不可调,可以免除离合器踏板自由行程的调整。

(4)检查离合器分离情况　将车辆可靠驻停,驻车制动。起动发动机,发动机怠速运转,踩下离合器踏板,换到1档或倒档,检查是否有噪声、是否换档平稳。如果有,说明离合器分离不彻底。

(5)液压系统中空气的排出　离合器液压操纵系统在经过检修之后,管路内可能进入空气;在添加制动液时也可能使液压系统中进入空气。液压系统中有空气进入后,由于缩短了主缸推杆行程即踏板工作行程,会使离合器分离不彻底。因此,液压系统检修后或怀疑液压系统进入空气时,就要排除液压系统中的空气,如图2-12所示。其过程如下:

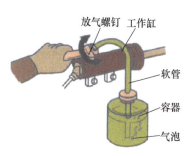

图2-12　排空气

1)将主缸储液罐中的制动液加至规定高度。

2)举升汽车,在工作缸的放气阀上安装一根软管,接到一个盛有制动液的容器内。

3)排空气需要两个人配合工作,一人慢慢地踏离合器踏板数次,感到有阻力时踏住不动,另一人拧松放气阀直至制动液开始流出,然后再拧紧放气阀。

4)连续按上述方法操作几次,直到流出的制动液中不见气泡为止。

5)空气排除干净之后,需要再次检查及调整踏板自由行程。

6)再次检查主缸储液罐液面高度,必要时添加。

三、车下认识与检修

1. 拆解离合器总成,认识组成件,指出离合器的工作过程

2. 对组成件进行检查

(1)从动盘的检查　目视从动盘摩擦片是否有裂纹、铆钉外露、减振器弹簧断裂等情况。如果有,则更换从动盘。

检查从动盘摩擦片的磨损程度。摩擦片的磨损程度可用游标卡尺测量较浅铆钉头的深度,如图2-13所示。铆钉头埋入深度应不小于极限值,如果检查结果超过要求,则应更换从动盘。也可通过测量从动盘厚度来判断。

离合器检查

(2)压盘和离合器盖检查　压盘损伤主要是翘曲、破裂或过度磨损等。先检查压盘表面粗糙度,压盘表面不应有明显的沟槽,沟槽深度应小于规定值。轻微的磨损可用油石修平。再检查压盘平面度,检查方法如图2-14所示,用钢直尺压在压盘上,然后用塞尺测量。离合器压盘平面度不应超过规定值。压盘平面度或表面粗糙度超过要求时,可用平面磨床磨平或车床车平,但磨、车的厚度应小于规定值,否则应更换压盘。

离合器盖与飞轮的接合面的平面度应小于规定值,如有翘曲、裂纹、螺纹磨损等,应更换离合器盖。

（3）膜片弹簧检查

1）检查膜片弹簧的磨损程度。如图 2-15 所示，用游标卡尺测量膜片弹簧与分离轴承接触部位磨损的深度和宽度。测量值应小于规定值，否则应更换。

图 2-13　摩擦片磨损的检查

图 2-14　压盘平面度的检查

2）检查膜片弹簧的变形。如图 2-16 所示，用游标卡尺在平台上测量各弹簧分离指的高度，计算高度差。高度差不应超过 0.5mm，否则用维修工具将变形过大的弹簧分离指翘起以进行调整。

图 2-15　膜片弹簧磨损的检查

图 2-16　膜片弹簧变形的检查

（4）分离轴承检查　如图 2-17 所示，用手固定分离轴承内圈，转动外圈，同时在轴向施加压力，如有阻滞或有明显间隙感时，应更换分离轴承。分离轴承通常是一次性加注润滑脂。维护时切勿随意拆卸清洗。若有脏污，可用干净抹布擦净表面。

（5）飞轮检查

1）进行目视检查，检查齿圈轮齿是否磨损或打齿，检查飞轮端面是否有烧蚀、沟槽、翘曲和裂纹等。如果有，则应修理或更换飞轮。

图 2-17　分离轴承的检查

2）检查飞轮上的导向轴承。如图 2-18 所示，用手转动轴承，在轴向加力，如果有阻滞或有明显间隙感，则应更换轴承。

3）检查飞轮轴向圆跳动。如图 2-19 所示，将百分表安装在发动机机体上，百分表表针抵在飞轮接合面的最外圈，转动飞轮，测量飞轮的轴向圆跳动。测量值应小于 0.1mm，如果超过标准，应修磨或更换飞轮。飞轮每次拆卸后，应更换连接螺栓，按对角线逐次以规定的力矩拧紧。

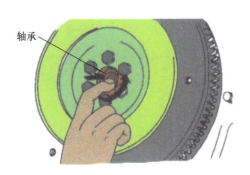

图 2-18 飞轮导向轴承的检查

图 2-19 飞轮轴向圆跳动的检查

（6）主缸、工作缸的检修　当出现缸筒内壁磨损过大，活塞与缸筒的间隙超过规定值，皮碗老化及回位弹簧失效等情况时，应更换相应零件。

【实施工单】

1. 信息查询

离合器说明及拆装维修手册查询路径：_____。

2. 车上认识与检修

项目	内容及结果
液压部件	离合器推杆前后分别连接_____，推杆移动工作:□顺畅 □异常 制动液储液罐安装:□牢固 □松动；油位:□正常 □过高 □过低 主缸供油软管安装:□牢固 □松动；软管:□正常 □老化 □漏油；主缸外观:□正常 □松动 □锈蚀 □漏油 主缸与工作缸连接管是:□软管 □硬管；安装:□牢固 □松动；外观:□正常 □漏油 □锈蚀 工作缸位于变速器壳体:□外部 □内部。如为外部，安装:□牢固 □松动；外观:□正常 □锈蚀 □漏油
离合器踏板	高度标准值:_____，测量值:_____；自由行程标准值:_____，测量值:_____，调整方式:_____ 位置传感器:□有 □无；拔掉位置传感器，车辆起动:□正常 □异常表现_____，分析电路图，异常过程为_____

3. 车下认识与检修

项目	内容及结果
操纵机构	分离轴承工作:□正常 □卡滞；主缸活塞外观:□正常 □变形 □锈蚀，主缸活塞皮碗:□正常 □变形 □老化，主缸孔壁:□光滑 □划痕，储液罐与主缸间进油口里面有_____个孔
离合器	从动盘外观:□正常 □异常_____;磨损测量值:____，□正常 □异常 压盘外观:□正常 □异常_____;平面度测量值:____，□正常 □异常 膜片弹簧外观:□正常 □异常_____;磨损测量值:____，□正常 □异常 膜片弹簧变形测量值:_____，□正常 □异常 飞轮端面外观:□正常 □异常_____;跳动测量值:____，□正常 □异常

【实施评价】

自我收获	自我评价	教师评价
	□满意 □较满意 □不满意	□优秀 □良好 □合格 □不合格

习题与思考

一、判断题

1. 离合器自然状态为分离状态。（   ）
2. 离合器具有改变转矩的作用。（   ）
3. 膜片弹簧有压紧和分离的作用。（   ）
4. 离合器踏板自由行程越大越好。（   ）
5. 分离轴承是不可转动的。（   ）

二、选择题

1. 属于离合器功用的有（   ）。
   A. 使汽车起步平稳　　　　　　B. 保证换档顺利
   C. 防止传动系统过载　　　　　D. 改变转矩方向
2. 属于离合器组成的有（   ）。
   A. 压盘　　　B. 膜片弹簧　　　C. 从动盘　　　D. 离合器盖
3. 属于液压式操纵机构的有（   ）。
   A. 制动液　　B. 主缸　　　　　C. 工作缸　　　D. 油管
4. 离合器处于接合状态传递动力时，从动盘（   ）侧产生摩擦力。
   A. 1　　　　B. 2　　　　　　　C. 3　　　　　　D. 4
5. 离合器处于完全分离状态时，从动盘与飞轮及压盘三者之间的间隙总和称为（   ）。
   A. 自由间隙　B. 自由行程　　　C. 分离间隙　　D. 工作行程

三、思考简答题

1. 简述接合状态下离合器各组成件运动情况及动力传递过程。
2. 简述离合器分离过程。

任务 2　齿轮传动机构检修

任务引入

为实现多个动力传输效果，手动变速器内部大都采用固定轴齿轮组。在某一档位行驶时，其传输动力的效果是由动力传输经过的有效齿轮确定的，齿轮、轴及轴承受损将严重影响变速器的工作。本任务介绍齿轮组的档位动力分析及部件检查，进行本任务的学习前需了解齿轮空间传递动力的概念。

任务目标

1. 能理解齿轮传动机构工作过程及判断手动变速器的类型。
2. 能结合维修资料，拆装、识别齿轮传动机构部件及进行档位动力流分析。
3. 能结合维修资料，正确拆解齿轮传动机构并检查其技术状况。
4. 能初步诊断、处理齿轮传动机构的故障。
5. 培养学生主动交流及学习的能力和工匠精神。

知识链接

手动变速器包括传动机构和操纵机构两大部分。传动机构是变速器的主体，主要由齿轮、轴、壳体和轴承等组成。传动机构的主要作用是实现不同档位下的传动比和旋转方向，操纵机构的作用是实现不同档位的改变（即换档）。

一、齿轮传动基础

1. 变速原理

齿轮传动的变速原理如图 2-20 所示，一对齿数不同的齿轮啮合传动时可以实现变速，而且两齿轮的转速比与其齿数成反比。设主动齿轮转速为 n_1，齿数为 z_1，从动齿轮转速为 n_2，齿数为 z_2。主动齿轮转速与从动齿轮转速之比称为传动比，用字母 i 表示，

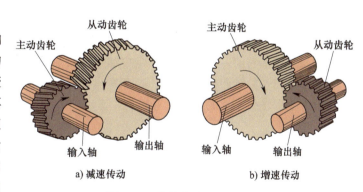

图 2-20　齿轮传动的变速原理

即由齿轮 1 传到齿轮 2 的传动比，计算公式为 $i_{12} = \dfrac{n_1}{n_2} = \dfrac{z_2}{z_1}$。需要指出的是，传动比大小与啮合齿数有关，而与转速大小无关（主、从动轮转速同时增大或减小）。

当小齿轮为主动齿轮、带动大齿轮转动时，输出转速降低，即 $n_1 > n_2$，称为减速传动，此时传动比 $i_{12} > 1$；当大齿轮带动小齿轮时，输出转速升高，即 $n_1 < n_2$，称为增速传动，此时传动比 $i_{12} < 1$。这就是齿轮传动的变速原理。

多级齿轮传递（轮系）的传动比是指轮系中输入部件与输出部件的转速之比，用 i_{ab} 表示，下标 a、b 分别为输入部件和输出部件的代号。i_{ab} 等于各对啮合齿轮传动比的连乘积，也等于各对啮合齿轮中所有从动齿轮齿数的乘积与所有主动齿轮齿数的乘积之比，即

$$i_{ab} = \frac{\text{所有从动齿轮齿数的乘积}}{\text{所有主动齿轮齿数的乘积}}$$

变速器就是根据这一原理利用若干大小不同的齿轮副传动来实现变速的。

图 2-21 所示为两级齿轮传动示意图，齿轮 1 为主动齿轮，驱动齿轮 2 转动，齿轮 3 与齿轮 2 固连在一起，齿轮 3 驱动齿轮 4 转动并输出动力，此时由齿轮 1 传到齿轮 4 的传动比为 $i_{14} = \dfrac{n_1}{n_4} = \dfrac{z_2 z_4}{z_1 z_3} = i_{12} i_{34}$。

2. 换档原理

变速器的档即变速器输入轴到变速器输出轴的传递效果（增速、减速、等速、同向还是反向等），不同档位有不同的传动比，当动力不能传到输出轴时即是空档。换档就是让不同齿轮有效参与输入轴到输出轴的动力传递，形成不同传递效果。各档的传动比 i 就是变速器输入轴转速与输出轴转速之比（伴随传递转矩的变化），即

$$i = \frac{n_{\text{输入轴}}}{n_{\text{输出轴}}} = \frac{T_{\text{输出轴}}}{T_{\text{输入轴}}}$$

变速器档位数是针对前进档数目多少的，当 $i > 1$ 时，$n_{\text{输入轴}} > n_{\text{输出轴}}$，$T_{\text{输出轴}} > T_{\text{输入轴}}$，此时实现降速增矩，为变速器的降速档，且 i 越大，档位越低；当 $i = 1$ 时，$n_{\text{输入轴}} = n_{\text{输出轴}}$，$T_{\text{输出轴}} = T_{\text{输入轴}}$，为变速器的直接档；当 $i < 1$ 时，$n_{\text{输入轴}} < n_{\text{输出轴}}$，$T_{\text{输出轴}} < T_{\text{输入轴}}$，此时实现升速降矩，为变速器的超速档。

3. 变向原理

齿轮啮合形式直接影响齿轮的最终传动方向，外啮合齿轮的旋转方向相反，内啮合齿轮的旋转方向相同。每经一次外啮合传动，其轴旋转方向改变一次。经两对外啮合齿轮传动，其输入轴与输出轴转向一致。在图 2-21 中加上倒档轴及齿轮 D，变成 3 对传动副传递动力，则输入轴与输出轴的转向相反，如图 2-22 所示。虽然倒档惰轮 D 改变了最终旋转方向，但是它对输入输出轴传动比的大小没有影响。

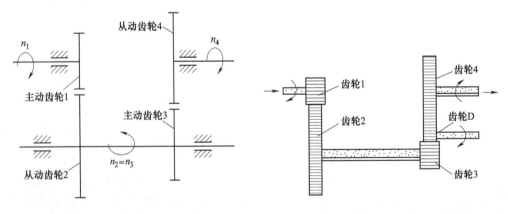

图 2-21　两级齿轮传动示意图　　图 2-22　齿轮变向原理示意图

4. 传动零件

轴通过轴承支承于壳体上，齿轮安装于轴上，齿轮与轴的连接关系决定了它们的运动关系，如一体或花键连接，它们同步工作，如图2-23a所示；如果采用滑动轴承（衬套）或滚动轴承，它们可相对转动，如图2-23b所示。配合紧密的轴承拆装需要压力机或顶拨器完成，如图2-23c所示。

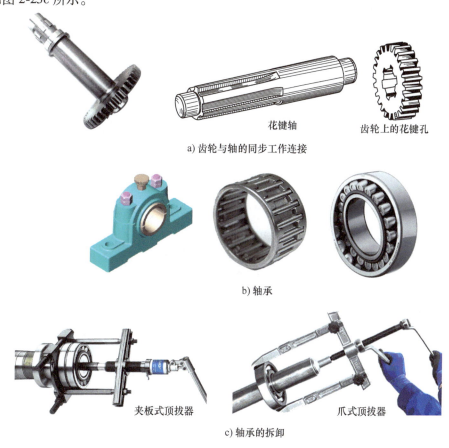

图 2-23 传动机构零件

二、二轴变速器

手动变速器按前进档工作轴的数量分为二轴式变速器和三轴式变速器。二轴式变速器多用于发动机前置前轮驱动的汽车，一般与驱动桥合称为手动变速驱动桥。

1. 类型

前置发动机有纵向布置和横向布置两种形式，与其配用的二轴式变速器也有两种不同的结构形式，如图2-24所示。

发动机纵向布置的二轴式变速器，主减速器为一对锥齿轮，现代汽车较少采用这种布置。发动机横向布置的二轴式变速器内部结构为输入轴总成（第一轴）和输出轴总成（第二轴），输入轴也是离合器的从动轴，输出轴也是主减速器的主动齿轮轴。

2. 横向布置的二轴式变速器

（1）结构　图2-25a所示为科鲁兹D16变速器，有5个前进档、1个倒档，每个前进档

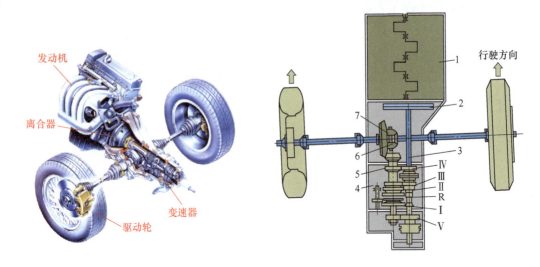

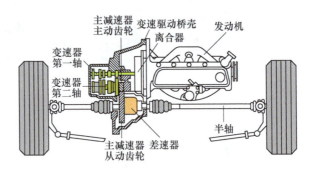

图 2-24　二轴式变速器布置

1—纵置发动机　2—离合器　3—变速器输入轴　4—变速器　5—变速器输出轴（主减速器主动锥齿轮）　6—差速器
7—主减速器从动锥齿轮　Ⅰ、Ⅱ、Ⅲ、Ⅳ、Ⅴ—一、二、三、四、五档齿轮　R—倒档齿轮

有 1 对常啮合齿轮，倒档的输入轴齿轮和输出轴齿轮之间有倒档惰轮。前进档采用同步器换档，一档和二档共用一个同步器总成，三档和四档共用一个同步器，五档单独使用一个同步器；倒档采用齿轮直接啮合传递动力。

输入轴前端通过花键与离合器从动盘接合，中段和后端通过轴承支承在变速器壳体上。前进档和倒档的主动齿轮均通过花键压配在输入轴上并随输入轴一起转动。输出轴两端分别通过轴承支承在变速器壳体上，且其一端加工有主减速器主动齿轮。前进档从动齿轮空套在输出轴上，它与输出轴之间安装有滚针轴承并通过卡环实现轴向定位。输出轴通过花键与同步器的花键毂接合，而花键毂通过花键与同步器的接合套接合，因此输出轴、花键毂及接合套一起转动。倒档输出轴齿轮集成在一/二档同步器接合套上。虽然所有前进档的主动齿轮与从动齿轮都是常啮合的，但是只有从动齿轮与接合套接合，动力才能传递给输出轴，否则，从动齿轮仅在输出轴上空转。与接合套相接合的齿轮称为接合齿轮，其一端加工有接合齿圈和摩擦锥面（外锥面）。变速传动示意图如图 2-25b 所示。

(2) 各档动力传递路线　如图 2-26 所示。

a) 传动机构

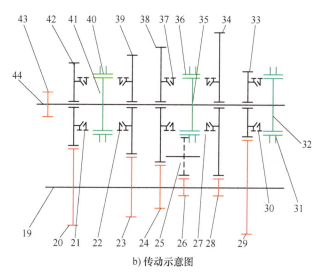

b) 传动示意图

图 2-25 二轴变速器实例

1、19—输入轴 2、20—四档主动齿轮 3、23—三档主动齿轮 4、24—二档主动齿轮 5、26—倒档输入轴齿轮 6、28——档主动齿轮 7、29—五档主动齿轮 8、31—五档同步器接合套 9、33—五档从动齿轮 10、34——档从动齿轮 11、36—一/二档同步器接合套及倒档输出轴齿轮 12、38—二档从动齿轮 13、39—三档从动齿轮 14、40—三/四档同步器接合套 15、42—四档从动齿轮 16、43—主减速器主动齿轮 17、44—输出轴 18、25—倒档惰轮 21—四档同步环 22—三档同步环 27——档同步环 30—五档同步环 32—五档同步器花键毂 35——/二档同步器花键毂 37—二档同步环 41—三/四档同步器花键毂

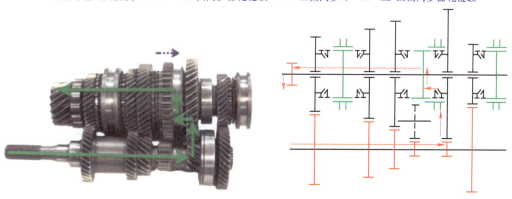

a) 一档

图 2-26 各档动力传递路线

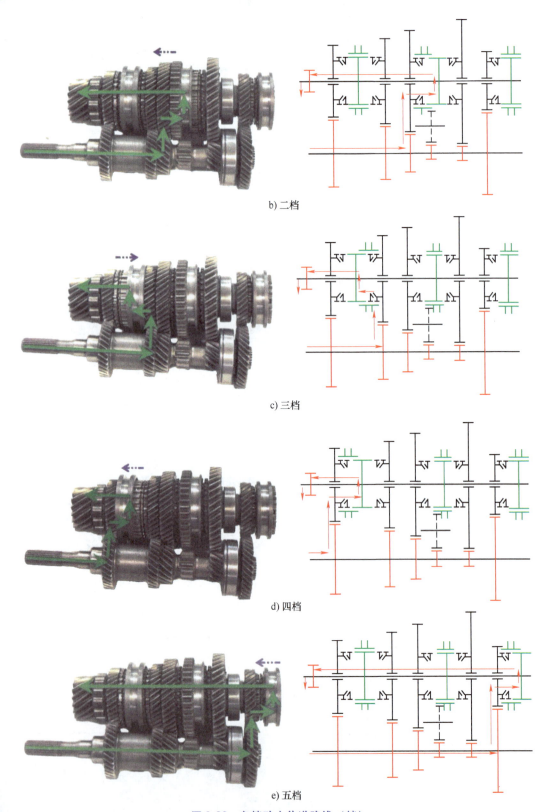

b) 二档

c) 三档

d) 四档

e) 五档

图 2-26 各档动力传递路线（续）

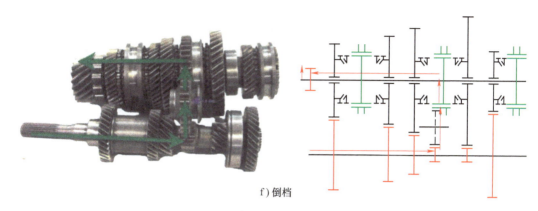

f) 倒档

图 2-26　各档动力传递路线（续）

手动变速器换档由驾驶人控制，驾驶人通过操纵机构移动接合套，使相应的接合套与接合齿圈接合，实现不同档位的动力传递（一次只能挂一个档）。

1）空档。同步器处于中间位置，输入轴转动时，输入轴上各前进档的主动齿轮带动输出轴上的从动齿轮空转，输出轴不转动，动力没有传递至主减速器。

2）一档。挂入一档时，一/二档同步器接合套右移，接合套与一档从动齿轮接合齿圈接合，将一档从动齿轮与输出轴相连接。此时，动力传递路线为：输入轴→一档主动齿轮→一档从动齿轮及接合齿圈→一/二档同步器接合套→一/二档同步器花键毂→输出轴→主减速器主动齿轮，输出轴反向旋转。此时变速器的传动比为 3.818，输送给车轮的转矩增大，转速减小。

3）二档。挂入二档时，一/二档同步器接合套左移，接合套与二档从动齿轮接合齿圈接合，将二档从动齿轮与输出轴相连接。动力传递路线为：输入轴→二档主动齿轮→二档从动齿轮及接合齿圈→一/二档同步器接合套→一/二档同步器花键毂→输出轴→主减速器主动齿轮。此时变速器的传动比为 2.158，输送给车轮的转矩减小，转速增大（相对于一档）。

4）三档。挂入三档时，三/四档同步器接合套右移，接合套与三档从动齿轮接合齿圈接合，将三档从动齿轮与输出轴相连接，动力传递路线为：输入轴→三档主动齿轮→三档从动齿轮及接合齿圈→三/四档同步器接合套→三/四档同步器花键毂→输出轴→主减速器主动齿轮。此时变速器的传动比为 1.481，输送给车轮的转矩继续减小，转速继续增大（相对于一档）。

5）四档。挂入四档时，三/四档同步器接合套左移，接合套与四档从动齿轮接合齿圈接合，将四档从动齿轮与输出轴相连接。动力传递路线为：输入轴→四档主动齿轮→四档从动齿轮及接合齿圈→三/四档同步器接合套→三/四档同步器花键毂→输出轴→主减速器主动齿轮。此时变速器的传动比为 1∶1.21，输入轴与输出轴的转速接近 1∶1，因此四档也称为直接档。

6）五档。挂入五档时，五档同步器接合套左移，接合套与五档从动齿轮接合齿圈接合，将五档从动齿轮与输出轴相连接。动力传递路线为：输入轴→五档主动齿轮→五档从动齿轮及接合齿圈→五档同步器接合套→五档同步器花键毂→输出轴→主减速器主动齿轮，此时变速器的传动比为 0.886，输出轴的转速高于输入轴转速，因此五档也称为超速档。

7）倒档。挂入倒档时，倒档惰轮左移与输入轴和输出轴的倒档齿轮啮合。与前进档相比较，由于增加了一对外啮合齿轮，所以输出轴同向旋转，动力传递路线为：输入轴→输入轴倒档齿轮→倒档惰轮→输出轴倒档齿轮（一/二档同步器接合套）→一/二档同步器花键毂→输出轴→主减速器主动齿轮。

三、三轴式变速器

三轴式手动变速器广泛应用于发动机前置后轮驱动的汽车上。

1. 构造

如图2-27所示，该变速器共有5个前进档和1个倒档。变速器内有输入轴（第一轴）、输出轴（第二轴）、中间轴和倒档轴、各档齿轮、轴承和同步器等，其中第一轴和第二轴的轴线互相重合。

第一轴的前端用导向轴承支承在曲轴尾端的中心孔内，后端用球轴承支承在变速器壳上，轴上制有常啮合齿轮及齿圈。

第二轴的前端通过滚子轴承支承在第一轴后端的内孔中，后端则通过圆柱滚子轴承支承在变速器壳体上。轴上有三/四档同步器与一/二档同步器以及五档同步器（接合套上有倒档直齿轮）和五、三、二、一档从动齿轮。在一档齿轮与倒档齿轮之间装有中间板，第二轴中间球轴承支承在中间板上。

中间轴的两端分别用圆柱滚子轴承和球轴承支承在变速器壳体上，中间轴承支承在中间板上。其上固装着中间轴常啮合齿轮及三档、二档、一档、倒档和五档的主动齿轮，除倒档齿轮外它们分别与第一轴和第二轴上的相应齿轮常啮合。

倒档轴是固定式轴，其轴端以过盈配合装配于壳体上的轴承孔内，其上套装有倒档齿轮。

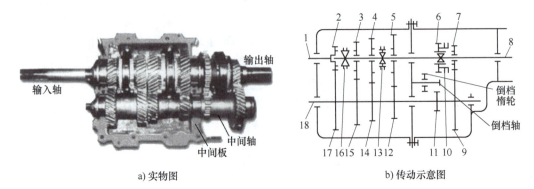

图2-27 三轴式手动变速器

1—第一轴 2—第一轴常啮合齿轮 3—第二轴三档齿轮 4—第二轴二档齿轮 5—第二轴一档齿轮 6—第二轴倒档齿轮 7—第二轴五档齿轮 8—第二轴 9—中间轴五档齿轮 10—五/倒档接合套 11—中间轴倒档齿轮 12—中间轴一档齿轮 13——/二档接合套 14—中间轴二档齿轮 15—中间轴三档齿轮 16—三/四档接合套 17—中间轴常啮合齿轮 18—中间轴

2. 动力传递

图2-27b所示为该三轴式变速器传动示意图。

1）空档。操纵变速杆，使各档同步器接合套处于中间位置，此时动力由第一轴经常啮合齿轮 2、17 传至中间轴,第二轴上的齿轮都在中间轴相应齿轮的带动下空转,动力不能传给输出轴,轴上倒档齿轮不转。

2)一档。操纵变速杆,使一/二档接合套 13 右移与第二轴一档齿轮 5 的接合齿圈接合,动力由第一轴依次经第一轴常啮合齿轮 2、中间轴常啮合齿轮 17、中间轴、中间轴一档齿轮 12、第二轴一档齿轮 5,再经过齿圈和一/二档接合套 13 及花键毂传给第二轴,第二轴的转向与第一轴相同。

3)二档。操纵变速杆,使一/二档接合套 13 左移与第二轴二档齿轮 4 的接合齿圈接合,动力由第一轴依次经第一轴常啮合齿轮 2、中间轴常啮合齿轮 17、中间轴、中间轴二档齿轮 14、第二轴二档齿轮 4,再经过齿圈、一/二档接合套 13、花键毂传给第二轴。

4)三档。操纵变速杆,使三/四档接合套 16 右移与第二轴三档齿轮 3 的接合齿圈接合,动力由第一轴依次经第一轴常啮合齿轮 2、中间轴常啮合 17、中间轴、中间轴三档齿轮 15、第二轴三档齿轮 3,再经过齿圈和三/四档接合套 16 及花键毂传给第二轴。

5)四档。操纵变速杆,使三/四档接合套 16 左移与第一轴常啮合齿轮 2 的接合齿圈接合,动力经由三/四档接合套 16 和花键毂直接传给第二轴。此为直接档,输出轴与输入轴转速相同,传动比为 1。

6)五档。操纵变速杆,使五/倒档接合套 10 右移与第二轴五档齿轮 7 的接合齿圈接合,动力由第一轴 1 依次经第一轴常啮合齿轮 2、中间轴常啮合齿轮 17、中间轴、中间轴五档齿轮 9、第二轴五档齿轮 7,再经过齿圈、五/倒接合套 10、花键毂传给第二轴。

7)倒档。操纵变速杆,使倒档惰轮右移与中间轴倒档齿轮 11 和第二轴倒档齿轮 6 同时啮合,动力由第一轴依次经第一轴常啮合齿轮 2、中间轴常啮合齿轮 17、中间轴、中间轴倒档齿轮 11、倒档惰轮、第二轴倒档齿轮 6 和花键毂传给第二轴。由于增加了倒档惰轮,所以第二轴的转向与第一轴相反,此时动力反向输出。

变速器中各齿轮副、轴及轴承等运动部件均有较高的运动速度,因此必须有可靠的润滑。普通齿轮变速器大都采用飞溅润滑,只有少数重型汽车采用压力润滑。

采用飞溅润滑的变速器,其壳体内注有一定量的润滑油,依靠齿轮旋转将润滑油甩到各运动零件的工作表面。通常润滑油平面应保持与检查口的下沿平齐。壳体底部有放油螺塞。有些变速器壳体内有磁铁或放油螺塞带有磁性,可以吸附一些铁屑,防止铁屑飞溅到齿轮上损坏齿轮。

为了防止润滑油泄漏,变速器盖与壳体以及各轴承盖与壳体的接合面装有密封垫或用密封胶密封;为了防止变速器工作时由于油温升高使气压过大而造成润滑油渗漏,在变速器盖上装有通气螺塞。

 任务实施

【实施过程】

一、准备

准备车辆设备、维修资料、拆装与测量工具,教师讲解或示范,进行任务实施。

二、车上认识与检修

1)检查变速器壳体变形及各螺塞和接合面漏油情况。

2)检查齿轮润滑油油位及油质(以丰田卡罗拉轿车 C50 手动驱动桥为例)。

①将车辆平稳举升。

②拆下变速器注油螺塞和衬垫。

③检查并确认油面在变速器注油螺塞开口最低点以下 5mm 范围内,如图 2-28 所示。

④油位低时,检查是否泄漏。油液过多或过少都可能引起故障,如果油位过高,齿轮油会被剧烈搅动而在变速器壳内到处飞溅,大量齿轮油集聚在油封和接合面处,导致漏油。

图 2-28 手动变速器油位

三、车下认识与检修

(1) 拆解二轴式及三轴式手动变速器 分别查找其上各档位齿轮及其在轴上的安装形式,分析并指出各档位动力传递过程。

(2) 齿轮机构检查

1) 齿轮检查。齿面常见的损坏形式有齿面异常磨损、齿面点蚀、齿面胶合、轮齿折断等,如图 2-29 所示。

2) 齿轮轴向间隙(齿轮沿齿轮轴方向测的间隙)和径向间隙(齿轮沿直径方向测的间隙)检查,如图 2-30 所示。

3) 齿轮轴检查,如图 2-31 所示。

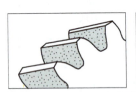
a) 齿面点蚀

b) 齿面胶合

c) 轮齿疲劳折断

d) 轮齿瞬间折断

图 2-29 齿轮损坏形式

a) 齿轮轴向间隙

b) 齿轮径向间隙

图 2-30 齿轮间隙检查

4）啮合齿轮滚针轴承检查。目视检查啮合齿轮滚针轴承是否过度磨损、松旷窜动或有其他形式的损坏，如图2-32所示。

a）轴颈磨损的检查

b）轴的径向摆差

图2-31　齿轮轴的检查

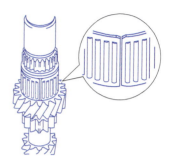

图2-32　啮合齿轮滚针轴承检查

（3）柱形主减速器认识　查找主减速器差速器，挂上各档位，观察主减速器的传动情况；检查圆柱斜齿轮表面状况；分析差速器的工作过程。

【实施工单】

1. 信息查询

变速器型号：_____，变速器说明及拆装维修手册查询路径：_____，拆解维修手册查询路径：_____。

2. 车上认识与检修

项目	内容及结果
齿轮油	型号：_____；容量：_____ 漏油：□有 □无；油位：□正常 □过高 □过低 油质：□良好 □异常，表现：_____；放油螺塞拧紧力矩：_____；加油口位置：_____；通气孔：□通 □堵

3. 车下认识与检修

（1）二轴手动变速器

项目	内容及结果
结构	档位数：_____，低速前进档有_____档，直接档是____档，超速档是____档；同步器数目____，同步器安装于输入轴的档位有_____，同步器安装于输出轴的档位有_____；空档时，各接合套位于：□左侧 □中间 □右侧，转动输入轴，各档位主动齿轮转动情况：_____，从动齿轮转动情况：_____，可看出与输入轴连为一体或花键连接的档位齿轮有_____档，与输入轴通过滚针轴承或衬套连接的档位齿轮有_____档；与输出轴连为一体的档位齿轮有_____档，与输出轴通过滚针轴承或衬套连接的档位齿轮有_____档；倒档齿轮为 □直齿 □斜齿，挂倒档方式：□移动直齿 □接合套 □同步器 □其他_____
齿轮转动	移动接合套，挂上某一前进档，旋转输入轴，各档位齿轮转动的情况：_____；挂上倒档，旋转输入轴，各档位齿轮转动的情况：_____

(续)

项目	内容及结果
动力传递	查找或画出齿轮机构结构示意图,分析并写出各前进档及倒档的动力从输入轴开始至主减速器主动齿轮的路线
传动零件检查	齿轮轴的支承轴承状况:□正常 □异常表现:_____,档位齿轮齿面状况:□正常 □异常表现:_____,齿轮轴状况:□正常 □磨损 □变形,档位齿轮轴承:□正常 □异常表现:_____ 档位齿轮轴向间隙值:____□正常 □过大 □过小,原因:_____, 档位齿轮径向间隙值:_____□正常 □过大 □过小,原因:_____
主减速器差速器	主减速器主动齿轮安装于_____轴,主减速器传动比:____,动力传递状况:□正常 □异常表现:_____ 差速器行星齿轮轴安装于____,行星齿轮数目:____,半轴齿轮内花键:□正常 □磨损 □其他表现:_____,动力传递状况:□正常 □异常表现:_____,差速器分配动力过程:_____

(2) 三轴手动变速器

项目	内容及结果
结构	档位数:____,低速前进档有____档,直接档是____档,超速档是____档;同步器数目____,安装于□输入轴 □中间轴 □输出轴 分别控制_____档;输入轴上齿轮数目:____,安装方式:____;输出轴上齿轮数目:____,安装方式:____;中间轴上齿轮数目:____,安装方式:____;倒档齿轮是□直齿 □斜齿,挂倒档方式为□移动直齿 □接合套 □同步器 □其他
齿轮运动	变速器空档时,各接合套位于:□左侧 □中间 □右侧,此时,旋转输入轴,各档位齿轮转动的情况:_____;移动接合套,挂上某一前进档,旋转输入轴,各档位齿轮转动的情况:_____,挂上倒档,旋转输入轴,各档位齿轮转动的情况:_____
动力传递	查找或画出齿轮机构结构示意图,分析并写出各前进档及倒档的动力从输入轴开始至输出轴的路线
传动零件检查	齿轮轴的支承轴承状况:□正常 □异常表现:_____,各档位齿轮齿面状况:□正常 □异常表现:_____,各齿轮轴状况:□正常 □磨损 □变形,档位齿轮轴承:□正常 □异常表现:_____

【实施评价】

自我收获	自我评价	教师评价
	□满意 □较满意 □不满意	□优秀 □良好 □合格 □不合格

习题与思考

一、判断题

1. 齿轮传动的转速比与齿数成正比。（ ）
2. 前进档时，二轴手动变速器输出轴和输入轴旋转方向相同。（ ）
3. 每一次外啮合齿轮将改变一次动力传递方向。（ ）
4. 二轴变速器内部有两根轴。（ ）
5. 二轴手动变速器中，同步器两侧的档位齿轮与轴是轴承安装。（ ）

二、选择题

1. 根据前进档工作轴数目，手动变速器分为（　　）轴变速器。
   A. 一　　　　　B. 二　　　　　C. 三　　　　　D. 四
2. 变速器的档位传动比 $i<1$ 为（　　）。
   A. 低速前进档　B. 直接档　　　C. 超速档　　　D. 空档
3. 变速器各档传动比是指（　　）之比。
   A. 输入轴与输出轴转速　　　　B. 输出轴与输入轴转速
   C. 输入轴与输出轴齿数　　　　D. 输出轴与输入轴齿数
4. 两轴变速器在某一档位工作时，其他档位齿轮可能（　　）。
   A. 静止　　　　B. 同速旋转　　C. 不同速旋转　D. 随机
5. 普通齿轮变速器的润滑为（　　）润滑。
   A. 润滑脂　　　B. 飞溅　　　　C. 压力　　　　D. 固体

三、思考简答题

1. 二轴和三轴变速器动力传递有何区别？
2. 如何进行档位齿轮判断及动力流分析？

任务3　同步器与操纵机构检修

手动变速器由驾驶人凭借经验操纵变速杆可挂到目标档位。为了换档及时、平顺及可靠，在手动变速器内设置了同步器及安全装置，若这些装置的性能不佳，将影响换档过程。本任务介绍这些装置的工作及检修，进行本任务的学习前需了解摩擦及锁止概念。

 任务目标

1. 能识别同步器的组成并理解同步器的工作过程。
2. 能判断安全装置类型并理解其工作过程。
3. 能结合维修资料，正确拆解同步器与操纵机构并检查其技术状况。
4. 能初步诊断、处理同步器与操纵机构的故障。
5. 培养学生主动交流及学习的能力和工匠精神。

 知识链接

采用移动齿轮式换档的变速器，所选档位的待啮合齿轮轮齿线速度必须相等，才能平顺啮合而顺利挂档。如果两齿轮轮齿速度不相同而强行挂档，则两齿轮之间会出现冲击，导致齿轮端面磨损，甚至轮齿折断。因此，现代手动变速器的前进档较少采用移动齿轮式换档，而是设置有同步器以保证换档平顺，简化换档操作，降低驾驶人的劳动强度，倒档仍多采用移动齿轮式换档。

一、惯性同步器

同步器换档是在接合套换档的基础上进一步发展起来的，作用是使接合套与待啮合的齿圈迅速同步，让目标档位的齿轮与输入轴或输出轴连接起来，实现动力的传递，缩短换档时间，防止在同步前啮合而产生接合齿之间的冲击。

目前所采用的同步器几乎都是摩擦式惯性同步器，分为锁环式惯性同步器和锁销式惯性同步器两种。锁环式惯性同步器多用于轿车和轻型货车，锁销式惯性同步器多用于中、重型货车。

1. 锁环式惯性同步器

（1）构造　锁环式同步器由花键毂、接合套、同步环（锁环）、滑块、弹簧等组成，如图2-33所示。使用同步器换档的档位齿轮与一般齿轮的结构是不同的。齿轮靠近接合套的一端有短花键齿圈，该齿圈称为接合齿圈。接合齿圈靠近接合套的一端有一个锥面，该锥面在换档时用来产生摩擦力。

花键毂通过内孔花键与轴同步转动，花键毂用卡环锁止不能做轴向移动，外部有与其相邻齿轮的接合齿圈齿形完全相同的外花键，与相应的具有内花键的接合套接合，接合套可沿花键毂轴向滑动。接合套外环上有条槽，是拨叉的叉槽，用来接受拨叉的力而左右移动。接合套的内端有内花键，用来和花键毂外花键、同步环和齿轮上的接合齿圈接合。在任何档

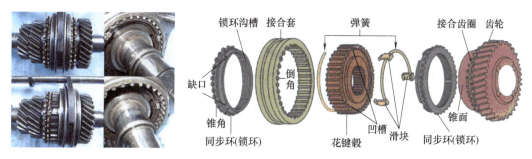

图 2-33　锁环式同步器

位，接合套的内花键和花键毂的外花键都是啮合的，在挂入某一个档位时，接合套才和该档位齿轮上的接合齿圈啮合。接合套内花键端部有锥形倒角（锥角）。

花键毂两侧各有一个同步环（锁环），环上有与接合齿圈和花键毂一样的短花键齿圈，在靠近接合套的一端有锥角，该角与接合套齿端的锥角相同，称为锁止角。在档位齿轮与接合套转速未相等之前，当同步环和接合套两者锁止角相接触时，同步环阻止接合套轴向移动，避免与档位齿轮啮合。

锁环内端面为锥面，该锥面与接合齿圈上的锥面角度相同，内锥面上制出细牙的螺纹槽，以使两锥面接触后破坏油膜，增加锥面间的摩擦力。

3 个滑块分别嵌入花键毂的 3 个轴向槽内，其两端伸入同步环的 3 个缺口中，滑块上部有凸起，在接合套的推动下，可轴向滑动。滑块在弹簧作用下压入接合套花键中部的凹槽中，起到空档定位作用。压紧滑块的弹簧有两种，一种是钢丝弹簧，另一种是螺旋弹簧。锁环缺口的宽度减去滑块的宽度是锁环一个齿的宽度，所以锁环相对滑块顺转和逆转只能转过半个齿宽。只有滑块端头位于锁环缺口的中央时，接合套才能与锁环进行啮合，继续移动，与齿轮上的接合齿圈进行啮合，挂上档位。

同步器的核心部件之一是同步环，同步环在空档、退档以及保持在某个档位时都不工作，只在挂档的时刻才工作。

有些同步器的同步环上设计有 3 个凸起部分，花键毂设计有与之对应的通槽，只有同步环的凸起部分位于通槽中央时，接合套内花键才能与同步环齿及接合齿圈啮合。

（2）工作原理　下面以同步器安装于输出轴的二轴变速器由低速档挂入高速档为例，介绍锁环式惯性同步器的工作原理。首先，变速器在某一档位工作或空档时，其他档位齿轮是转动的，时刻为参与动力传递做准备，档位越高，输出轴上该档位对应的从动齿轮转速越高。当踩下离合器时，输入轴与飞轮之间的动力传递被切断，拨叉使接合套从低速档退出到空档位置，在惯性作用下，接合套、同步环和接合齿圈继续保持原来的速度（分别为 n_1、n_2、n_3）转动（$n_3 > n_1 = n_2$），同步环缺口下侧页紧贴滑块。同步环可以轴向自由移动，接合齿圈与同步环的摩擦锥面之间没有接触，如图 2-34a 所示。

拨叉继续推动接合套往高速档接合齿圈移动，带动滑块左移。当滑块与同步环缺口端面接触时，便推动同步环向接合齿圈方向移动，同步环内锥面与接合齿圈外锥面接触，由于两者有转速差，两个锥面间产生摩擦力。接合齿圈通过摩擦力带动同步环相对接合套向前进方向转动一个角度（相对旋转方向），同步环缺口上侧面紧贴滑块，如图 2-34b 所示，然后继续与接合套同步转动。此时，同步环花键齿相对接合套内花键齿错开半个齿，两者的齿端倒角相互抵触，接合套无法继续向左移动，即锁止。

由于拨叉始终给接合套一个向左的轴向推力，接合套齿端锥角紧压同步环齿端倒角，并给其施加一个正压力 F_N。正压力 F_N 分解为轴向力 F_1 和切向力 F_2，如图 2-34b 所示，切向力 F_2 产生一个使同步环相对接合套向后退方向转动的拨环力矩。轴向压力 F_1 使同步环压紧接合齿圈锥面而产生摩擦力矩，该摩擦力矩对同步环和接合套来说是增速的，对接合齿圈来说是起阻碍作用，是减速的，因此两者转速迅速接近。同步环通过接合套、花键毂、输出轴等与驱动轮乃至整个车辆相联系，其转动惯量大、转速变化慢，因此同步环转速基本认为是不变的；接合齿圈（档位齿轮）仅与输入轴及离合器从动部件相联系，其转动惯量小、转速下降快（$n_3 \downarrow > n_1 = n_2$）。摩擦力矩是由于接合齿圈转动惯性运动产生的，从而使同步环对接合套产生锁止作用，因此这种同步器称为惯性式同步器。

同步环和接合套的齿端锥角在设计上保证摩擦力矩大于拨环力矩。当同步环与接合齿圈转速不等时，摩擦力矩始终存在，滑块始终位于同步环缺口一侧，同步环与接合套处于锁止状态；当两者转速相等（$n_3 = n_1 = n_2$）时，摩擦力矩消失，拨环力矩依然存在，使同步环回转半个锥齿的角度，滑块回到缺口中央位置，同步环齿端倒角与接合套齿端倒角相互抵触状态解除，即锁止解除。此时，由于拨叉给接合套施加的轴向推力依然存在，接合套继续向左移动，其内花键与同步环花键齿啮合，如图 2-34c 所示，进而与接合齿圈接合；接合套继续左移，可能与接合齿圈锥角抵触锁止，推力使其错开解锁，接合套完成与接合齿圈啮合，如图 2-34d 所示。此时，高档位齿轮通过接合套和花键毂与安装轴同步转动，完成换档。松开离合器踏板，控制加速踏板正常行驶。

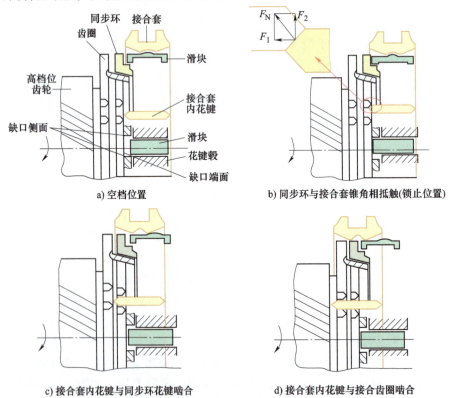

图 2-34 锁环式同步器工作原理图

总结：接合套及滑块移动，摩擦工作面接触产生摩擦力矩→锁环转动1个角度→锁止，防止接合套前移→摩擦力矩存在至同步→惯性力矩消失→锁止消失→接合套进入同步环及接合齿圈，完成换档。

从高档位换入低档位可同理分析，同步器安装在输入轴还是输出轴都是适用的。

2. 锁销式惯性同步器

中、重型货车常使用锁销式惯性同步器，其组成如图2-35所示。锁销式惯性同步器和锁环式惯性同步器的工作原理相同，工作过程如下：具有转速差的摩擦锥环与摩擦锥盘产生摩擦；同步前，接合套被锁止，有摩擦力矩；同步后，惯性力矩消失，锁销与接合套相应对中，接合套沿锁销轴向移动，与花键齿圈啮合，顺利地换档。

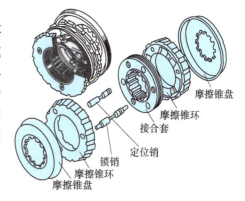

图2-35 锁销式惯性同步器

二、换档操纵机构

手动变速器操纵机构的功能是保证驾驶人能准确、可靠地将变速器换入所需要的档位，并可随时退至空档。换档过程包括选档和挂档。选档是在垂直拨叉轴的方向上，将换档指移动到需要换档的拨叉轴的换档拨块凹槽中；挂档是在沿着拨叉轴的方向上，移动换档指使拨叉轴及拨叉带动接合套轴向移动，使同步器工作，实现换档。

1. 类型

按照变速杆与变速器的相互位置的不同，变速器操纵机构有直接操纵式和远距离操纵式两种。

（1）直接操纵式 直接操纵式变速器的变速杆及所有换档操纵装置都设置在变速器盖上，驾驶人可直接操纵变速杆来拨动变速器盖内的换档操纵装置进行换档，如图2-36所示。它具有换档位置易确定、换档快、换档平稳等优点。在大多数发动机前置后轮驱动的货车或越野车上，变速器安装在驾驶人座位右侧附近，变速杆从底板伸出，采用直接操纵式。

（2）远距离操纵式 在轿车上，变速器的安装位置离驾驶人座位较远，因而变速杆不能直接布置在变速器盖上。为此在变速杆与变速器之间加装了一套传动装置，构成了远距离操纵变速器内部换档零件的操纵形式，如图2-37所示。它具有变速杆占据的驾驶室空间小、驾驶室乘坐方便等优点，但换档操作的准确性和可靠性稍差。

2. 组成

变速器操纵机构通常由换档拨叉机构和定位锁止装置两部分组成。

（1）换档拨叉机构 换档拨叉机构主要由变速杆、换档轴、各档拨块、拨叉轴及拨叉等组成。各种变速器由于档位及档位排列位置不同，其拨叉和拨叉轴的数量及排列位置也不相同。如图2-38所示，5档手动变速器换档机构有3根拨叉轴，1号换档拨叉安装在1号换档拨叉轴上，2号换档拨叉安装在2号换档拨叉轴上，3号换档拨叉和倒档拨叉安装在3号换档拨叉轴上。每个拨叉可沿拨叉轴前后移动，产生两个档位，分别是1、2档，3、4档，5档和倒档。每个拨叉轴上安装1个拨块，3个拨叉轴的3个拨块并行排列，换档指伸入拨块槽中，当所有槽对齐时为空档状态。换档轴与拨叉轴空间垂直安装，换档轴轴向移动带动

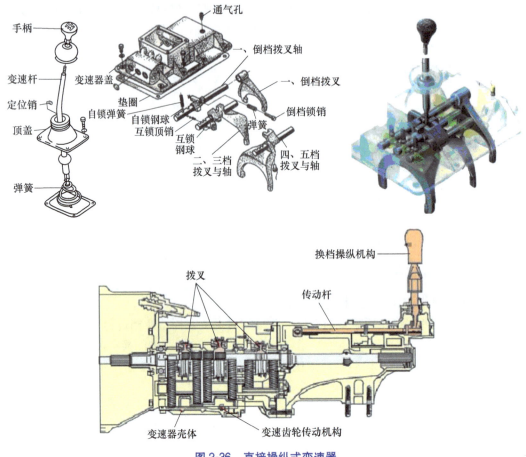

图 2-36 直接操纵式变速器

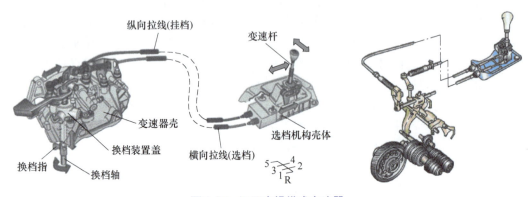

图 2-37 远距离操纵式变速器

换档指在拨槽中进行选档，换档轴转动带动换档指向前或向后进行挂档。

（2）定位锁止装置 为了保证变速器在任何情况下都能准确、安全、可靠地工作，变速器操纵机构一般都具有定位锁止装置，包括自锁装置、互锁装置和倒档锁装置，不同型号变速器的锁止装置差别较大。

1）自锁装置。自锁装置的功用是对各档拨叉轴进行轴向定位锁止，以防止其自动产生轴向移动而造成自动挂档或自动脱档，并保证各档传动齿轮以全齿长啮合。

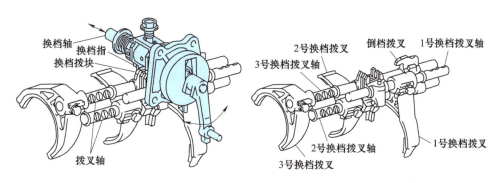

图 2-38 5 档变速器换档机构

钢球式自锁装置一般由自锁钢球及自锁弹簧组成。在变速器盖的凸起部钻有深孔，在孔中装入自锁钢球及自锁弹簧，其位置正处于拨叉轴的正上方。每根拨叉轴对着钢球的表面沿轴向设有 3 个或 2 个凹槽（与该拨叉轴控制档位数有关），槽的深度小于钢球的半径。中间的凹槽是空档位置，相邻凹槽之间的距离正好等于滑动齿轮或接合套由空档移至相应工作档位并保证齿轮处于全齿长啮合或是完全退出啮合的距离，如图 2-39 所示。凹槽对正钢球时，钢球便在自锁弹簧的压力作用下嵌入该凹槽内，拨叉轴的轴向位置便被固定，其拨叉及相应的接合套或滑动齿轮便被固定在空档位置或某一工作档位置，而不能自动挂档或自动脱档。当需要换档时，驾驶人通过变速杆对拨叉轴施加一定的轴向力，克服弹簧的压力而将自锁钢球从拨叉轴凹槽中挤出并推回孔中，拨叉轴便可滑过钢球进行轴向移动，并带动拨叉及相应的接合套或滑动齿轮轴向移动。当拨叉轴移至其另一凹槽与钢球对正时，钢球被压入凹槽（此动作传到手柄上，使驾驶人具有手感），此时拨叉所带动的接合套或滑动齿轮便被拨入空档或被拨入另一工作档位。

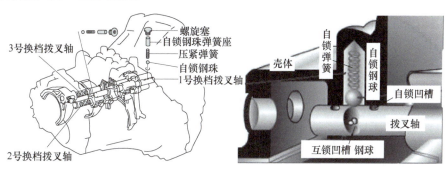

图 2-39 自锁装置

2）互锁装置。互锁装置的功用是阻止两个拨叉轴同时移动，防止同时挂入两个档位，避免因同时啮合的两个档位齿轮的传动比不同而互相卡住，造成运动干涉甚至造成零件损坏。

钢球锁销式互锁装置由互锁钢球和互锁锁销组成，如图 2-40 所示。在变速器盖前端 3 根拨叉轴之间的孔道中装有两个互锁钢球，每根拨叉轴朝向互锁钢球的侧面上都制有一个深度相等的凹槽，中间拨叉轴的两侧都有凹槽，凹槽之间钻有通孔，互锁锁销就装在此孔中。两个互锁钢球的直径之和等于相邻两拨叉轴圆柱表面之间的距离加上一个凹槽的深度，互锁锁销的长度等于拨叉轴的直径减去一个凹槽的深度。

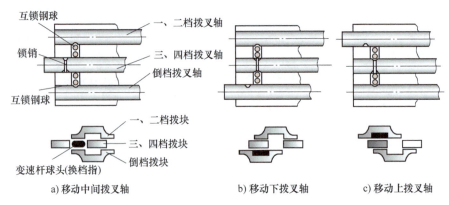

图 2-40 钢球锁销式互锁装置

当变速器处于空档位置时，所有拨叉轴侧面的凹槽与钢球都在一条直线上，此时拨叉轴和互锁钢球及锁销都处于自由状态，相互之间不卡紧，每一根拨叉轴都可以沿轴向拨动。但要挂档，例如移动中间拨叉轴时，该轴两侧的钢球便从其侧面凹槽中被挤出，而两外侧钢球则分别嵌入上、下拨叉轴侧面的凹槽中，因而将上、下拨叉轴刚性地锁止在空档位置，不能轴向移动。要拨动另一拨叉轴（即要想挂入另一档位）时，则必须先将前一拨叉轴退回到空档位置，防止了同时挂入两个档位。

3）倒档锁装置。倒档锁装置用于防止误挂倒档。传统变速器上多采用弹簧锁销式倒档锁，如图 2-41 所示。倒档锁一般由倒档锁销和倒档锁弹簧组成。倒档锁销的杆部装有倒档锁弹簧，其左端的螺母可调整弹簧的预紧力和倒档锁销的长度。驾驶人要挂倒档时，必须用较大的力使变速杆的下端压缩倒档锁弹簧，将倒档锁销推向左方后才能使变速杆下端进入倒档拨块的凹槽内，以拨动倒档拨叉轴而推入倒档。目前，轿车的倒档锁装置大部分设计在变速杆上或采用电磁阀控制。

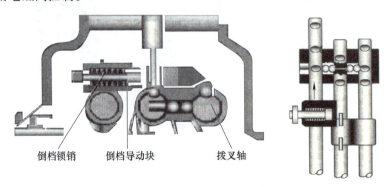

图 2-41 弹簧锁销式倒档锁

任务实施

【常见故障】

手动变速器的常见故障有掉档、乱档、换档困难、异响及漏油等。掉档是指汽车在加速、减速或爬坡时，变速杆自动跳回空档位置。乱档是指在离合器技术状况正常的情况下，变速器同时挂上两个档，或挂需要的档位时挂上了别的档位。换档困难是指离合器技术状况良好且操纵机构工作正常时，不能顺利、及时挂入目标档位。异响是指变速器工作时发出不均匀的碰撞声，由于变速器内相对运动的机件较多，故发出不均匀响声的故障情况较复杂。漏油是指变速器周围出现齿轮润滑油，变速器齿轮箱的油量减少。

【实施过程】

一、准备

准备车辆设备、维修资料、拆装与测量工具，教师讲解或示范，进行任务实施。

二、车上认识与检修

1. 拆装变速杆总成、调整换档拉线
2. 检查、测量倒车灯电路及其他电路导通及信号状况

三、车下认识与检修

1. 拆解手动变速器，认识同步器组成件的结构特点
2. 认识换档拨叉机构的组成及安全锁止装置
3. 同步器检查

（1）同步器锁环的外观目检　如图2-42所示。

1）检查锁环内表面凹槽及螺纹有无磨损。

2）检查锁环锥角磨损情况。

图2-42　同步器锁环外观目检

（2）同步器锁环间隙的检查　如图2-43所示，将同步环压在与之相配的齿轮锥面上，用塞尺检查同步环与齿轮之间的端面间隙。若过小，则说明锁环内螺纹磨损严重。

（3）同步器锁环运行检查　如图2-44所示，用手按压同步器锁环使其与齿轮锥面装在一起，应确保用力转动时同步器锁环不能滑动。

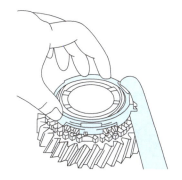

图2-43　同步器锁环间隙的检查

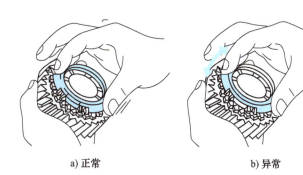

图2-44　同步器锁环运行检查

（4）接合套和花键毂的检查

1）外观目检。检查接合套和花键毂的花键是否有擦伤或其他机械损坏。

2）检查接合套和花键毂的滑动性能，如图 2-45 所示。

4. 操纵机构检查

（1）拨叉的检修　拨叉常见的损坏现象是拨叉的弯曲与扭曲、拨叉上端的拨块及拨叉下端面磨损等。拨叉如果出现弯扭变形可予以冷校，拨块和端面严重磨损时应予以更换。拨叉下端端面厚度与接合套最大配合间隙（$A-B$）不得超过规定值，如图 2-46 所示。

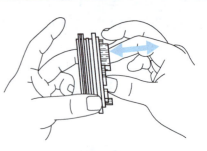

图 2-45　接合套和花键毂的滑动性能检查

a）拨叉厚度测量

b）配合间隙的测量

图 2-46　拨叉厚度及配合间隙的测量

（2）拨叉轴的检修　拨叉轴弯曲、锁止钢球及凹槽磨损、弹簧折断或弹力不足等，均会导致变速器出现跳档、乱档等故障。拨叉轴的弯曲可通过冷压校正。钢球、锁销磨损严重时应更换新件，弹簧折断或弹力不足时应予以更换。

【实施工单】

1. 信息查询

变速器型号_____，变速杆总成拆装步骤维修手册查询路径：_____，手动变速器相关电路图查询路径：_____。

2. 车上认识与检修

项目	内容及结果
操纵机构	类型:□直接 □远距离,档位数:____,变速杆上倒档锁:□有 □无,换档工作:□正常 □卡滞 □其他:_____,换档拉线调整:□能 □否,倒车灯信号:□正常 □异常,其他电路还有_____,信号:□正常 □异常表现及处理:_____

3. 车下认识与检修

项目	内容及结果
拨叉锁止机构	拨叉轴数目:_____,拨叉数目:_____,分别控制_____档;空档时换档指活动:□正常 □异常 自锁装置类型:_____,自锁工作:□正常 □异常,工作过程:_____ 互锁装置类型:_____,互锁工作:□正常 □异常,工作过程:_____ 防止误挂倒档控制方式:_____ 变速器壳体上的塞孔有_____,变速器壳体上或内部涉及的电路有_____

(续)

项目	内容及结果
同步器	输入轴上有_____档同步器,输出轴上有_____档同步器 接合套花键两端锥角:□正常 □磨损,接合齿圈锥角:□正常 □磨损,锁环锥角:□正常 □磨损,滑块凸台:□正常 □磨损,锁环运行:□正常 □滑动,接合套滑动:□正常 □卡滞 某一档同步器锁环间隙,档位:_____,间隙值:_____ 某一档接合套与拨叉配合间隙,档位:_____,间隙值:_____

【实施评价】

自我收获	自我评价	教师评价
	□满意 □较满意 □不满意	□优秀 □良好 □合格 □不合格

习题与思考

一、判断题

1. 没有同步器将无法换档。　　　　　　　　　　　　　　　　　　（　　）
2. 同步器工作的根本是摩擦作用。　　　　　　　　　　　　　　　（　　）
3. 同步器是用来同步花键毂和接合套的。　　　　　　　　　　　　（　　）
4. 同步器在换档结束后不起作用。　　　　　　　　　　　　　　　（　　）
5. 换档时，自锁和互锁装置同时起作用。　　　　　　　　　　　　（　　）

二、选择题

1. 属于锁环式同步器组成的有（　　）。
   A. 花键毂　　　　B. 接合套　　　　C. 滑块　　　　D. 同步环
2. 有锁止锥角的是（　　）。
   A. 花键毂　　　　B. 接合套　　　　C. 接合齿圈　　　D. 同步环
3. 手动变速器操纵机构通常由（　　）组成。
   A. 换档拨叉机构　B. 换档锁止装置　C. 直接操纵式　　D. 远距离操纵式
4. 按照变速操纵杆与变速器的相互位置的不同，手动变速器操纵机构有（　　）。
   A. 直接操纵式　　B. 远距离操纵式　C. 液压　　　　　D. 电子
5. 安全锁止装置有（　　）装置。
   A. 自锁　　　　　B. 互锁　　　　　C. 倒档锁　　　　D. 同步锁

三、思考简答题

1. 简述同步器的工作过程。
2. 分析换档困难的原因。

素养课堂

细节见证工匠精神

小刘是参加全国职业院校汽车技术赛项的学生,在半年多的训练中,过着训练场、食堂和宿舍三点式的生活,不畏冷热、不分昼夜泡在训练场;在老师的指导下,熟悉车辆、查询资料、研究赛项、验证流程、分析数据、虚心请教、记录总结等;操纵流程优化,改了又改;在大赛中,职业素养好,电路图查询熟练,操作规范,故障分析处理科学,在坚信付出会有收获的心理素质下,最终获得了二等奖的好成绩。他展现出的精神就是工匠精神:吃苦耐劳,一丝不苟,严谨认真、精益求精,不断创新,高标准要求自我完成任务。

项目 3　液力自动变速器检修

任务1　液力变矩器检修

任务引入

为使装配液力自动变速器（Automatic Transmission，AT）的汽车具有良好的起步性，一般加装柔性传递动力的液力变矩器，若液力变矩器不正常工作将严重影响汽车的行驶安全。本任务介绍液力变矩器的工作原理及检修方法，进行本任务的学习需要先有液力传递动力的概念。

任务目标

1. 了解液力自动变速器的组成及工作过程。
2. 掌握液力变矩器的组成及理解其工作过程。
3. 能结合维修资料，正确检查液力变矩器的技术状况。
4. 能初步诊断、处理液力变矩器的故障。
5. 培养学生主动交流及学习的能力和工匠精神。

知识链接

一、液力自动变速器概述

液力自动变速器作为变速器的一种，其变速器的功用没有改变。其自动变速平稳，操作容易，既给驾驶人带来方便，也给乘车人带来舒适，但其结构复杂、技术含量高，导致制造成本较高。液力自动变速器技术已经成熟，在各大车系上均有使用。液力自动变速器的厂牌型号较多，外部形状和内部结构有所不同，但它们的组成基本相同。其主要组成见表3-1。

表3-1　液力自动变速器主要组成

组成	功用	零部件
液力变矩器	利用油液循环流动过程中动能的变化将发动机动力传递给自动变速器的输入轴，并能根据汽车阻力的变化在一定范围内自动、无级地改变传动比	泵轮、涡轮及导轮、单向离合器及锁止离合器等

(续)

组成	功用	零部件
齿轮变速系统	改变动力传递的速比及方向	行星齿轮机构及换档执行元件
液压控制系统	为自动变速器中的液力变矩器及锁止机构、换档执行元件、各润滑部件等提供一定压力、流量的自动变速器油。在各滑阀的动作下，改变油的压力和流向，控制换档执行元件等	自动变速器油、油底壳、滤清器、油泵、滑阀、散热器及油管和油道
电子控制系统	电控单元根据传感器实时信号按照程序计算控制执行器，参与油路控制	传感器、ECU及执行器
人机联动机构	将驾驶人对车辆行驶方式的要求传递给控制系统	变速杆、加速踏板、制动踏板、控制开关、拉线或导线及仪表显示等

　　液力自动变速器的工作包含动力传递和档位控制。其动力传递是将发动机动力通过液力变矩器传给变速器输入轴，通过变速器内部齿轮产生不同传动比，从输出轴输出动力到驱动桥。其档位控制是通过各种传感器，将发动机转速、节气门开度、发动机冷却液温度、车速以及自动变速器油的温度等参数转变为电信号，并输入电控单元。电控单元根据这些电信号，按照设定的换档规律向换档电磁阀、油压电磁阀等发出控制指令，将电信号转变为液压控制信号，阀体中的各控制阀根据这些液压信号控制换档执行机构的元件动作，从而实现自动换档。从中可看出，相对手动变速器，液力自动变速器的结构和工作复杂得多，如图3-1所示。

二、液力变矩器

1. 作用

　　汽车上采用的液力传动装置通常有液力偶合器和液力变矩器两种。二者均是利用液体在循环流动过程中动能的变化来传递动力的。在早期的自动变速器中，多数采用液力偶合器。液力偶合器与液力变矩器相比，没有导轮，液体没有受到附加的外力，不能增加发动机输出的转矩，起步和低速期间加速性能不如手动变速器，因此现代轿车普遍采用液力变矩器，液力偶合器则广泛应用于工程机械上。液力变矩器的作用如下：

　　（1）传递动力　在不同的工况下，将发动机动力以液压或机械的方式传递至变速器输入轴。

　　（2）降速增矩　在涡轮轴转速较低时，可增加发动机的输出转矩，降低变速器输出转速，使车辆易于起步。

　　（3）缓冲振动　因为液力变矩器是靠液力来传递动力的，所以可减小发动机扭力振动和由车辆传动系统传至发动机的振动。

　　（4）充当自动离合器　可以在发动机运转的情况下，使车辆保持静止不动。

　　（5）驱动变速器油泵　油泵产生的油压是自动变速器内部液压系统和换档执行元件工作的动力源，油泵由液力变矩器驱动。

　　（6）充当飞轮　液力变矩器可以增加发动机飞轮的转动惯量，起到与飞轮相同的作用，使发动机运转平稳。

项目3 液力自动变速器检修

如图3-2所示,液力变矩器通过螺栓安装在发动机的飞轮上(部分车辆已没有传统意义上的发动机飞轮,起动齿圈与变矩器壳体一体,变矩器与曲轴后端的法兰盘用螺栓连接),将发动机的动力传递给自动变速器中的齿轮变速机构。

2. 组成

不同的汽车对液力变矩器性能的要求不同,因而液力变矩器的结构和特点有所不同。现代轿车一般使用四元件液力变矩器,其组成如图3-3所示。四元件分别是泵轮、涡轮、导轮和锁止离合器。

液力变矩器是一个密封的整体,泵轮和涡轮是互不接触的,两者之间有一定的间隙,一般为3~4mm。

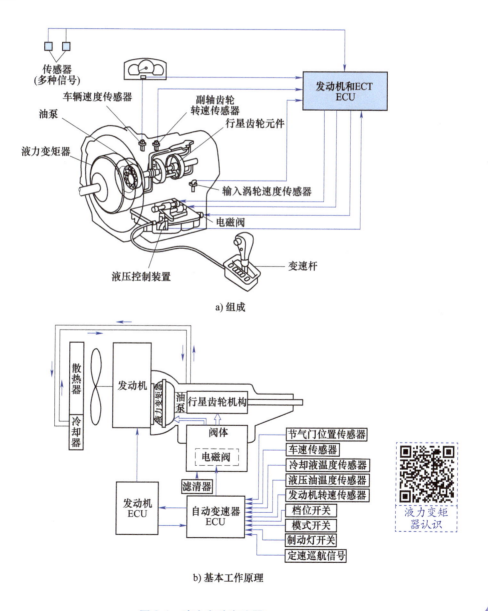

a) 组成

b) 基本工作原理

图3-1 液力自动变速器

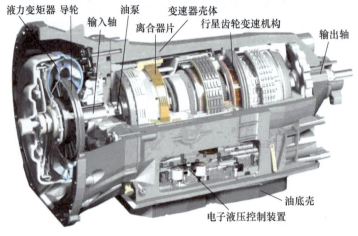

c) 纵置式

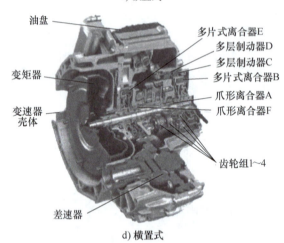

d) 横置式

图 3-1 液力自动变速器（续）

（1）泵轮　泵轮轴上有驱动油泵的凹槽、花键或切面等，泵轮与变矩器壳体焊接成为一体，变矩器壳体用螺栓固定安装在飞轮上，因为飞轮与曲轴相连，所以泵轮总是和曲轴一起转动。泵轮内部沿径向装有许多较平直的叶片，为了使其能够尽量减少自动变速器油（ATF）的流动损耗，在叶片内缘安装了促进环流的导流环。当发动机运转时，泵轮叶片内的 ATF 依靠离心力的作用从泵轮外缘向外甩而进入对置的涡轮。随着发动机转速升高，工作的 ATF 所受离心力增大，从泵轮向外甩出 ATF 的速度随之升高。故泵轮的作用是将发动机输出动力利用 ATF 传输到与其对置的涡轮上，是主动元件。

（2）涡轮　涡轮与泵轮对置安装。其作用是接受来自泵轮 ATF 的冲击带动变速器输入轴，将动力输出，涡轮是从动元件。在其壳体内有一定曲率的叶片，辐射状分布，叶片上有导流环。液体沿叶片与导流环形成的通道，从外向里流动，在液体的冲击下旋转。涡轮中心的花键孔连接变速器的输入轴，将动力输出。涡轮上面的叶片数量少于泵轮上的叶片数量。

在变速杆置于 R 和 D 位，车辆行驶时，涡轮与变速器输入轴一起转动；车辆停止，在变速杆置于 P 和 N 位时，由于发动机输出功率小，涡轮不转动。

（3）导轮　导轮位于泵轮与涡轮之间，通过单向离合器安装于固定在变速器油泵壳体

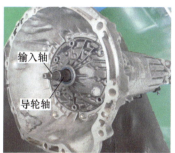
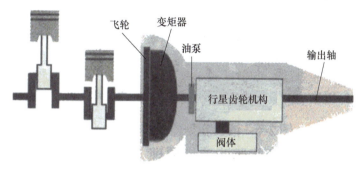

图 3-2　液力变矩器的安装

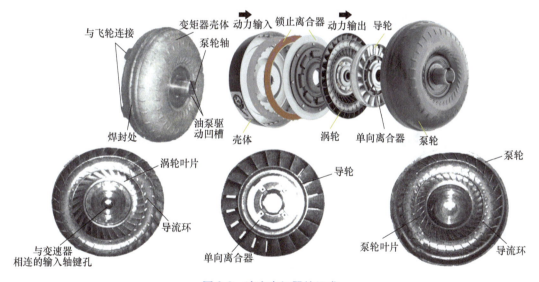

图 3-3　液力变矩器的组成

的导轮轴上，因此导轮只有一个旋转方向，起到改变液体流动方向、实现转矩改变的作用。

（4）单向离合器　导轮中心孔内的单向离合器使导轮与泵轮和涡轮同向可转动，反向不能转动。单向离合器有多种形式，目前最常见的是滚柱式和楔块式两种。

1）滚柱式单向离合器。滚柱式单向离合器由外环、内环、滚柱和弹簧等组成，如图3-4所示。在外环的内表面制有与滚柱相同数目的楔形槽，内、外环之间的楔形槽内装有滚柱和弹簧。弹簧的弹力将各滚柱推向楔形槽较窄的一端。当外环相对于内环朝逆时针方向转动时，滚柱在摩擦力的作用下克服弹簧的弹力，滚向楔形槽较宽的一端，出现打滑现象，外环相对于内环可以做自由滑转，此时单向离合器脱离锁止而处于自由状态；当外环相对于内环朝顺时针方向转动时，在刚刚开始转动的瞬间，滚柱便在摩擦力和弹簧力的作用下被卡死在楔形槽较窄的一端，于是内、外环互相连接为一个整体，不能相对转动，此时单向离合器处于锁止状态，与外环连接的基本元件便被固定住或者和与内环相连接的元件连成一个整体转动。

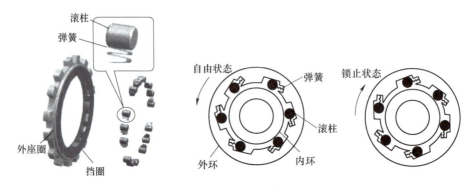

图 3-4 滚柱式单向离合器

2) 楔块式单向离合器。楔块式单向离合器的结构和滚柱式单向离合器相似，有外环、内环、楔块等，如图3-5所示。不同之处在于，它的外环或内环上都没有楔形槽，其滚子是特殊形状的楔块。楔块在 A 方向上的尺寸略大于内、外环之间的距离 B，而 C 方向上的尺寸则略小于 B。当外环相对于内环朝顺时针方向旋转时，楔块在摩擦力的作用下立起，因自锁作用而被卡死在内、外环之间，使内环和外环无法相对滑转，此时单向离合器处于锁止状态；当外环相对于内环朝逆时针方向旋转时，楔块在摩擦力的作用下倾斜，脱离自锁状态，内、外环可以相对滑转，此时单向离合器处于自由状态。其锁止方向取决于楔块的安装方向，维修时不得装反。

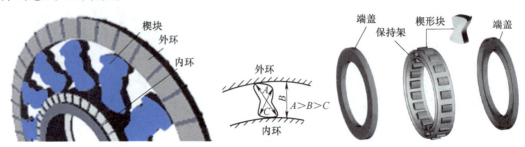

图 3-5 楔块式单向离合器

3. 液力变矩器的工作原理

液力变矩器源自液力偶合器（只有泵轮和涡轮），偶合器的工作原理就像两台电风扇对置时，如图3-6a所示，电风扇 B 不接电源，电风扇 A 接通电源转动。在后者转动时，产生的气流可以吹动前者的扇叶使其转动。当通电电风扇转动档位一定时，对面未通电电风扇的转速不会发生改变。如果在两台电风扇的背面加装通气导管，导管将吹到未通电电风扇的气流引到通电电风扇的背面，气流产生叠加效应，从而加大通电电风扇的转速，增大空气的流量，使未通电电风扇的转速加快，此时导管起到了增大转矩的作用。

液力变矩器的泵轮相当于通电电风扇，变矩器的涡轮相当于未通电电风扇，变矩器内的 ATF 相当于空气。泵轮和涡轮通过 ATF 柔性连接，这也是自动变速器车辆发动机不易熄火的原因。

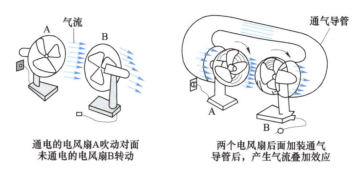

a) 电风扇工作示意图

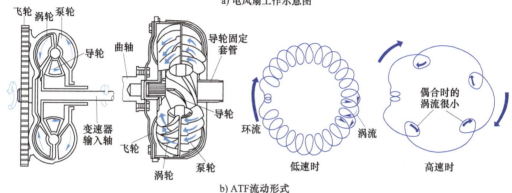

b) ATF流动形式

图 3-6 液力变矩器工作原理

（1）工作液流　如图 3-6b 所示，液力变矩器内部的液流有两种工作状态，合成为螺旋运动，两种状态液流的大小会根据泵轮与涡轮之间的转速差形成镜像变化，即当液力变矩器以涡流工作为主时，一定以环流为次；反之，当液力变矩器以环流工作为主时，则以涡流为次。

1）涡流。从泵轮→涡轮→导轮→泵轮的液体循环流动称为涡流。泵轮和涡轮的转速差越大，涡流越大，传递液力越大。

2）环流。自动变速器油在进行涡流的同时，跟随泵轮及涡轮绕曲轴中心线旋转，此流动称为环流。泵轮和涡轮的转速差越小，环流越大。

（2）工作过程

1）汽车起步前或低速行驶时。在汽车起步之前（踩下制动踏板，变速杆置于 D 位）涡轮停转，转速为 0。此时，发动机曲轴带动泵轮旋转，泵轮带动自动变速器油（ATF）一起旋转。在离心力的作用下，ATF 从泵轮叶片的内侧向外侧流动，把发动机的机械能转化为液体的动能，具有动能的 ATF 正向冲击在与之对置的涡轮叶片的外边缘上，对涡轮产生冲击转矩，从而把发动机的动力传给变速器的输入轴。同时，ATF 沿着涡轮叶片由外侧向内侧流动，ATF 从涡轮流出后，冲击导轮的正面（凹面），此时欲使导轮反向转动，但导轮被单向离合器锁止，导轮被固定，导轮叶片不动，冲击在导轮上的 ATF 改变方向后流向泵轮内侧，冲击泵轮的背面，使泵轮转速加快。对泵轮正向的冲击力给发动机一个助推力，形成作用在泵轮上的第二个力，如图 3-7 所示，ATF 回到泵轮内侧后进入下一个循环。第二个力就是液力变矩器增矩的力,因此,液力变矩器增矩实质上是泵轮转矩的增大。泵轮将来自发动机和从涡轮回流的能量一起传递给涡轮,使涡轮上有较大的转矩储备(发动机转矩+导轮反射的流经转矩),松开制动踏板,车辆低速行驶。

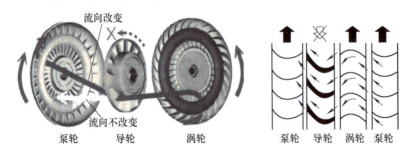

图 3-7　低速增矩

2)汽车起步后升速行驶。当汽车在液力变矩器输出转矩的作用下起步后,与驱动轮相连的涡轮开始转动,涡轮转速随着汽车的加速不断增加。这时,由泵轮冲向涡轮的 ATF 除了沿着涡轮叶片流动(涡流),还要随着涡轮一同转动(环流),使由涡轮叶片内部边缘出口处冲向导轮的 ATF 的方向发生变化的同时,涡流工作液的流量也发生变化,不再与涡轮不转时出口处叶片的方向相同,而是顺着涡轮转动的方向向前偏斜了一个角度,使冲向导轮的液流方向与导轮叶片之间的夹角变小。虽然这时导轮仍没有旋转(单向离合器锁止),但导轮产生的助推力随之减小,液力变矩器的增矩作用就减小了,如图 3-8 所示。车速越快,涡轮转速越高,冲向导轮的液压油方向与导轮叶片的夹角就越小,液力变矩器的增矩作用也越小;反之,车速越慢,液力变矩器的增矩作用越大。因此与液力偶合器相比,液力变矩器在汽车低速行驶时有较大的输出转矩,在汽车起步、上坡或遇到较大行驶阻力时,能使驱动轮获得较大的驱动转矩。涡轮转速随外界负荷的不同而变化,液流冲击叶片的方向和速度随之变化。外负荷 $F\uparrow\rightarrow$ 车速 $v\downarrow\rightarrow$ 涡轮转速 $n\downarrow\rightarrow$ 输出转矩 $T\uparrow$ 及 $F\downarrow\rightarrow v\uparrow\rightarrow n\uparrow\rightarrow T\downarrow$。这种不需控制而随外界负荷变化而改变输出转矩和转速的性能称为变矩器的自动适应性。

3)汽车中高速行驶。当涡轮转速随车速的提高而增大到某一数值时,从涡轮流出的 ATF 冲击导轮背面(凸面),冲向导轮的 ATF 的方向与导轮叶片之间的夹角减小为 0,从涡轮回流的少部分 ATF 直接经导轮叶片的空隙流过,导轮随泵轮和涡轮一同旋转(单向离合器自由状态),此时导轮不再改变液流方向,不产生反作用力,不能增加转矩,

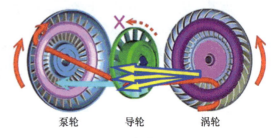

图 3-8　起步后增矩

液力变矩器进入偶合工况,如图 3-9 所示。导轮开始旋转的工作点称为偶合点,涡轮输出转矩等于泵轮输入转矩,转矩比为 1。

从以上分析可知,导轮的工作存在两种状态,当泵轮涡轮转速差大时,涡流大,导轮被固定,起到产生助推、增矩作用;当转速差小时,涡流小,导轮开始旋转,防止产生降低发动机输出动力的阻力矩。

(3)工作特性　液力变矩器液力传递工作有两个区,即低速增矩区和高速偶合区。在

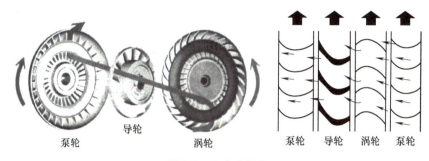

图 3-9　中高速偶合

增矩区可以将发动机输入给泵轮的转矩增大后输出给涡轮,在失速点(涡轮转速为零)时获得最大的转矩比(涡轮输出转矩与泵轮输入转矩之比),但传动效率(涡轮与泵轮的转速比与转矩比的乘积)在失速点时为零。随着涡轮与泵轮的转速比逐渐增大,增矩减弱,转矩比逐渐减小,而变矩器传动效率则逐渐增大。在涡轮与泵轮的转速比增大到 0.8 左右时,转矩比减小到 1,传动效率此时呈下降趋势,变矩器到达偶合点工作。在偶合区,传递效率继续增大,但无法达到 100%,一般约为 95%,如图 3-10 所示。

4. 锁止离合器

为了提高在高速工况下液力变矩器的传动效率,提高汽车正常行驶时的燃油经济性,现在汽车的液力变矩器中都装有锁止离合器。

(1) 结构　锁止离合器位于液力变矩器涡轮的前端,如图 3-11 所示,由位于涡轮和变矩器壳体之间的锁止活塞(锁止离合器片)、与涡轮安装在一起的扭转减振器等部件组成。变矩器壳体内的接触端面(或锁止活塞的前端面)粘有摩擦片。锁止活塞凸齿卡在扭转减振器外缘的凹槽中,与涡轮一同旋转,且锁止活塞能相对于涡轮轴向移动(不会脱开)。减振器能衰减锁止离合器接合时的扭转振动。

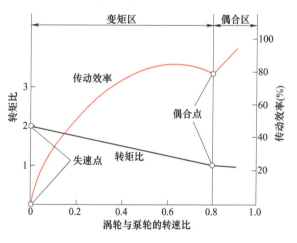

图 3-10　变矩器工作特性

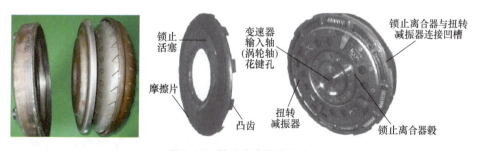

图 3-11　锁止离合器的组成

(2) 工作原理　锁止离合器的接合与分离是由电控单元通过锁止电磁阀进行控制的。

当车辆低速行驶时，液力变矩器处于液力变矩工况。此时，电控单元控制锁止电磁阀断电，ATF 经变速器输入轴中心油道进入锁止活塞前部，在油压的作用下，锁止活塞向后移动，锁止离合器分离，如图 3-12a 所示。此时动力传递路线为发动机→变矩器壳体→泵轮油液→涡轮→变速器输入轴。

车辆高速行驶，一定条件下，电控单元控制锁止电磁阀通电，液压控制系统中流向液力变矩器的 ATF 改变方向，即 ATF 由导轮轴套上油道流入变矩器内部，锁止活塞前侧的 ATF 经控制阀油道由泄油口排出，故锁止活塞前、后侧油压不等，前侧油压低、后侧油压高，锁止活塞在油压差的作用下向前移动，压靠在变矩器壳体上，产生摩擦力，如图 3-12b 所示，这样，泵轮和涡轮通过锁止离合器连为一体，处于接合状态。此时动力传递路线为发动机→变矩器壳体→锁止离合器→涡轮→变速器输入轴。变矩器中的 ATF 不再作为传力介质，因此减小了变矩器的能量损失，提高了液力自动变速器的传动效率。

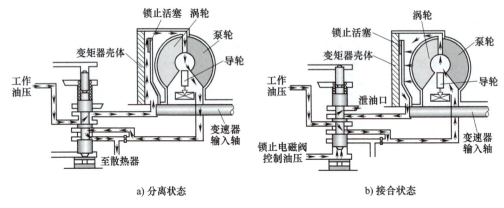

a) 分离状态　　　　　　　　　　b) 接合状态

图 3-12　锁止离合器的工作状态

（3）锁止条件　锁止离合器的接合通常需要满足车速足够高、不需要增大输出转矩、发动机转速没有突然增加、未踩下制动踏板及变速器不切换档位等条件。此外，当变速器油温过高时，锁止离合器也会接合，以降低油温。

加装导轮并兼有变矩器和偶合器性能特点的称为综合式液力变矩器。含有锁止离合器的综合式液力变矩器在中低速时的动力传输靠液力实现，在高速时的动力传递靠锁止机械摩擦实现，其传递过程如图 3-13 所示。

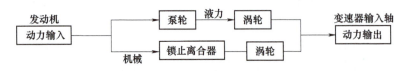

图 3-13　液力变矩器动力传递过程

  任务实施

【常见故障】

与液力变矩器有关的故障有：液力变矩器过热变蓝、变矩器油封漏油、车辆不能行驶、低速加速无力、高速加速无力、挂档后发动机熄火、变矩器锁止离合器接合时有冲击、有异响或车辆发抖、液力变矩器有异响等。

【实施过程】
一、准备
准备车辆设备、维修资料、拆装与测量工具,教师讲解或示范,进行任务实施。
二、车上认识与检修
液力变矩器是一个密闭的整体,一般在维修中不进行解体检修,只是通过一些简单的检测方法对液力变矩器的状况进行判断。

1. 外观检查

检查液力变矩器外表是否损坏、有无裂纹,轴套外径是否磨损变小,油泵驱动轴套缺口或凸耳是否损坏,外表是否因过热而变蓝。泵轮毂上的密封圈接触面过量磨损易发故障,要着重检查。

2. 锁止离合器故障的诊断

锁止离合器摩擦片磨损可用以下方法检测:使汽车预热到正常温度,在 D 位行驶,当车速达到锁止工况车速(60km/h)时(不同车辆的数值有差别),进入锁止工况。在车速为 60~80km/h 时,变矩器会出现嗡嗡异常响声,制动踏板行程达到 40% 时,异常响声终止,松开制动踏板,异常响声重新出现;当节气门开度较小时,汽车行驶有窜动感;当节气门开度较大时,不窜动。松开加速踏板后再次踩下,窜动感更明显。由以上现象表明锁止离合器摩擦片已严重磨损。也可以用检测其滑差量的办法检查摩擦片是否打滑。

$$滑差量 = 发动机转速 - 变速器输入轴转速$$

当完全锁止时,滑差量为零。若滑差量不为零,可能是锁止离合器打滑,或锁止离合器不能锁止。打滑会引起加速时动力不足,或锁止离合器振动、有噪声,又易造成液力变矩器产生高温,变速器油易变质。

液力变矩器锁止离合器锁止后不能解锁,会造成紧急制动时发动机熄火等故障,需检查相关控制系统。

3. 导轮单向离合器故障的诊断

导轮单向离合器故障率不是很高,有时会出现卡死或打滑的情况。如果单向离合器卡死,汽车起步或低速行驶时正常,高速时动力不足,加速不良;如果单向离合器打滑,汽车在起步或低速时加速性能变坏,即在低速运行时,发动机发闷,加速不良。

三、车下认识与检修

1. 认识

对切割开的液力变速器,识别内部元件结构特点与安装位置;指出变矩器工作时 ATF 运动及传力增矩过程;分析锁止离合器的工作过程;检查各元件的技术状况。

2. 液力变矩器的清洗

倒出液力变矩器中的脏油,向液力变矩器中加入煤油或自动变速器油。将变速器输入轴插入液力变矩器,用手快速转动几分钟,最后用双手边摇动液力变矩器,边将液力变矩器内的油倒出。视液力变矩器的脏污程度决定清洗次数。如果是用煤油清洗,则在最后一次清洗时要用自动变速器油,而且在进行最后一次清洗前用压缩空气吹干液力变矩器内部,然后加入自动变速器油清洗。

3. 径向圆跳动检查

将液力变矩器安装在发动机飞轮上,用百分表检查变矩器轴套的径向圆跳动,如图 3-14

所示，摆动量若大于0.20mm，应更换变矩器总成。

4. 导轮单向离合器检查

将单向离合器导轮驱动杆（专用工具）插入液力变矩器中，如图3-15a所示；将单向离合器外座圈固定器（专用工具）插入变矩器中，并卡在轴套上的油泵驱动缺口内，如图3-15b所示；转动驱动杆，检查单向离合器工作是否正常，如图3-15c所示。在逆时针方向上单向离合器应锁止，顺时针方向上应能自由转动。如有异常，则说明单向离合器损坏，应更换液力变矩器。做发动机失速试验，失速转速过低，说明导轮单向离合器打滑，必须更换。

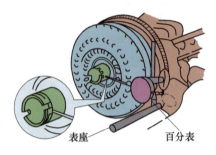

图3-14 轴套径向圆跳动检查

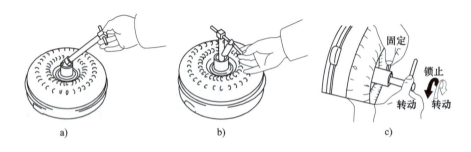

图3-15 导轮单向离合器的检查

【实施工单】

1. 信息查询

液力变矩器拆装维修手册查询路径：_____。

2. 车下认识与检修

项目	内容及结果
结构	壳体连接飞轮的螺栓有_____个，规定力矩为_____ 液力变矩器驱动油泵的方法是：□缺口 □花键 □凸台 □链轮链条 □其他：_____ 靠近飞轮的为液力变矩器_____轮，与变矩器壳体一体的为液力变矩器_____轮，泵轮叶片数为_____，涡轮叶片数为_____，涡轮与变速器输入轴花键配合：□正常 □异常 将导轮正确支撑，工作旋转方向为_____，导轮单向离合器的检查：□正常 □双向锁止 □双向转动 □其他表现：_____
液力工作过程	对拆解的变矩器组成件，按变矩器内部位置正确摆放，指出并写下变矩器工作时的ATF环流和涡轮运动；指出涡轮低速时，导轮是如何改变ATF的运动方向，实现液力传递并增大转矩的；指出并写下涡轮高速时，变矩器工作于偶合状态，导轮是如何避免ATF阻碍泵轮的旋转的
锁止离合器	锁止活塞上的凸齿与减振器外缘凹槽配合：□良好 □异常，锁止离合器摩擦材料：□正常 □异常；指出并写下锁止离合器分离和锁止状态及转换过程

【实施评价】

自我收获	自我评价	教师评价
	□满意 □较满意 □不满意	□优秀 □良好 □合格 □不合格

习题与思考

一、判断题

1. 液力变矩器是依靠液体的力量改变输出转矩的器件。（ ）
2. 液力变矩器工作时，环流和涡流所占比重与泵轮和涡轮转速差有关。（ ）
3. 涡轮转速越低，涡流越弱，输出转矩越小。（ ）
4. 锁止离合器用来控制泵轮与涡轮连接状态的。（ ）
5. 液力变矩器处于偶合状态时，导轮转动。（ ）

二、选择题

1. 液力变矩器的作用有（   ）。
   A. 传递动力 B. 降速增矩 C. 缓冲振动 D. 驱动油泵
2. 属于液力变矩器组成的有（   ）。
   A. 泵轮 B. 涡轮 C. 导轮 D. 离合器
3. 液力变矩器能够改变转矩是因为（   ）改变油液流向。
   A. 泵轮 B. 涡轮 C. 导轮 D. 离合器
4. 导轮双向锁止会造成（   ）。
   A. 起步困难 B. 加速无力 C. 变矩器发热变蓝 D. 锁止离合器失效
5. 锁止离合器接合条件或工况有（   ）。
   A. 车速足够高、不需要增大输出转矩 B. 发动机转速没有突然增加
   C. 踩下制动踏板 D. 变速器油温过高

三、思考简答题

1. 说明液力自动变速器汽车在变速杆置于 D 或 R 位行驶时，踩下制动踏板发动机不易熄火，松开制动踏板可起步的原因。
2. 简述锁止离合器的工作过程。

任务 2 行星齿轮机构检修

 **任务引入**

在液力变矩器无级变速传递动力的基础上，液力自动变速器仍有明确的档位，大都采用行星齿轮机构来实现。本任务介绍行星齿轮机构的基础知识及行星齿轮机构传递动力的过程，进行本任务的学习需先了解约束下的动力空间传递概念。

 任务目标

1. 掌握单排行星齿轮机构的工作过程。
2. 能结合维修资料，拆装、识别行星齿轮机构部件及进行档位动力流分析。
3. 能正确检查行星齿轮机构的技术状况。
4. 能初步诊断、处理行星齿轮机构的故障。
5. 培养学生主动交流及学习的能力和工匠精神。

知识链接

自动变速器中的液力变矩器虽然能够在一定范围内实现无级变速，但由于变矩器只有在输出转速接近输入转速时才具有较高的传动效率，而且它的增矩作用不够大，只能增加 2~4 倍，此值远不能满足汽车的使用要求，因此它在自动变速器中的主要作用是使汽车起步平稳，并在换档时减缓传动系统的冲击。汽车在行驶过程中主要靠自动变速器中的齿轮机构实现变速，它可使转矩增大 2~4 倍。

自动变速器中典型的齿轮机构有辛普森式、拉维娜式、平行轴式、串联式及莱派特式等。其中，辛普森式、拉维娜式、串联式和莱派特式都属于行星齿轮机构，平行轴式属于普通齿轮机构，目前绝大多数轿车自动变速器采用的是行星齿轮机构。

一、行星齿轮机构

1. 单排单级行星齿轮机构

行星齿轮机构有多种形式，其中最简单的行星齿轮机构如图 3-16 所示，是由 1 个太阳轮、1 个齿圈、1 个行星架和支撑在行星架上的几个行星齿轮组成，称为一个行星排。行星齿轮内侧与太阳轮啮合，外侧与齿圈啮合，行星齿轮只起中间轮（惰轮）作用，既可自转又可公转，不能作为动力输入输出元件；具有共同中心线的太阳轮、齿圈和行星架是齿轮机构动力传递的基本元件，可作为动力输入、输出元件。如果不对 3 个元件控制，3 个元件间动力传递是不能形成固定传动比的，为了组成具有一定传动比的传动机构，须将太阳轮、齿圈和行星架中的一个加以固定，或者将某两个元件连接在一起。

单排行星齿轮机构认识

单排行星齿轮机构的传动比取决于太阳轮齿数 z_1 和齿圈齿数 z_2，与行星齿轮的齿数无关。太阳轮的齿数最少，齿圈齿数约等于太阳轮齿数的 1 倍，行星架可作为动力输入或输出元件，因此，可将行星架看作一个齿轮，行星架的当量齿数（虚拟）= 太阳轮齿数+齿圈齿数。故在一个行星排中，太阳轮最小，齿圈居中，行星架最大。

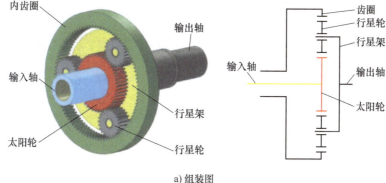

a) 组装图

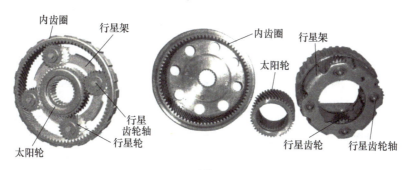

b) 零件图

图 3-16 单排行星齿轮机构

设 $z_2/z_1 = a > 1$，由机械原理可知，单排行星齿轮的运动特性方程如下：

$$n_1 + an_2 = (1 + a)n_3$$

式中　n_1——太阳轮转速，单位为 r/min；

n_2——齿圈转速，单位为 r/min；

n_3——行星架转速，单位为 r/min。

由上面特性方程可以看出，在太阳轮、齿圈和行星架这 3 个基本元件中，可以任选其中两个元件分别作为主动件和从动件，只要第 3 个基本元件有确定的转速，即可计算出该机构的传动比。下面分别讨论各种可能的情况。

1) 将齿圈固定，以太阳轮为主动件、行星架为从动件；由于齿圈固定，所以 $n_2 = 0$，传动比 $i = n_1/n_3 = 1 + a$；由于齿圈的齿数 z_2 大于太阳轮的齿数 z_1，因而 $i>2$，可获得同向、减速传动，如图 3-17a 所示。

2) 将齿圈固定，以行星架为主动件、太阳轮为从动件；由于齿圈固定，所以 $n_2 = 0$，传动比 $i = n_3/n_1 = 1/(1 + a)$，传动比 $i<0.5$，可获得同向、增速传动。

3) 将太阳轮固定，以齿圈为主动件、行星架为从动件；由于太阳轮固定，所以 $n_1 = 0$，传动比 $i = n_2/n_3 = (1 + a)/a$，传动比 $1<i<2$，可获得同向、减速传动，如图 3-17b 所示。

4) 将太阳轮固定，以行星架为主动件、齿圈为从动件；由于太阳轮固定，所以 $n_1 = 0$，传动比 $i = n_3/n_2 = a/(1 + a)$，传动比 $i<1$，可获得同向、增速传动。

5) 若将行星架固定，则行星齿轮的轴线被固定，行星齿轮只能自转，不能公转，而且太阳轮和齿圈的转向相反。此时若以太阳轮为主动件、齿圈为从动件,即可获得反向减速传动,实现倒档。传动比 $i=n_1/n_2=-a$,传动比为负数表示转向相反,$i>1$ 表示减速,获得反向减速传动,如图 3-17c 所示。

6）将行星架固定,以齿圈为主动件、太阳轮为从动件。传动比 $i=n_2/n_1=-1/a$,可获得反向、增速传动。

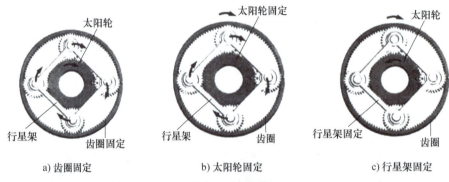

a) 齿圈固定　　　　　b) 太阳轮固定　　　　　c) 行星架固定

图 3-17　单排行星齿轮机构动力传递

7）若将任意两个基本元件连接起来,也就是 $n_1=n_2$ 或 $n_2=n_3$,则由行星排的运动特性方程可知,第 3 个基本元件的转速必与前两个基本元件的转速相同,即 3 个基本元件将以同样的转速一同旋转,传动比 $i=1$。这种情况相当于直接档,行星轮只公转。

8）若 3 个基本元件都没有被固定或连接,各个基本元件都可以自由转动,则此时齿轮机构不论以哪两个基本元件为主动件、从动件,都不能进行动力传递,处于空档状态。

以上单排单级行星齿轮机构动力传递情况见表 3-2。

表 3-2　单排单级行星齿轮机构动力传递情况

序号	太阳轮	行星架	齿圈	传递效果
1	主动	从动	固定	同向减速
2	从动	主动	固定	同向增速
3	固定	从动	主动	同向减速
4	固定	主动	从动	同向增速
5	主动	固定	从动	反向减速
6	从动	固定	主动	反向增速
7	任意两元件连成一体			同向等速
8	所有元件不受约束			失去传动

为便于记忆,可归纳如下:

①只要行星架主动,无论哪个元件固定,均为同向、增速传动。

②只要行星架从动,无论哪个元件固定,均为同向、减速传动。

③只要行星架固定,无论哪个元件主动,均为反向传动,可实现倒档。

④任意两元件连为一体,可实现同向等速传动,为直接档。

⑤无固定和连接元件,不能传递动力,为空档。

熟练掌握以上运动规律是分析自动变速器档位传动的基础。但是,只有一个行星排不能满足汽车多档位传动的要求,往往需要多个行星排,且以一定的方式连接起来。例如,两个行星排共用一个太阳轮,或前行星排的齿圈与后行星排的行星架连为一体等。这样在分析档位时,单看一个行星排好像没有固定元件、无法传递动力,而实际上是由于某种连接关系与另一个行星排的某个元件彼此约束,其运动状态也是确定的。这种情况下,一般用列方程组的方式计算传动比。

2. 单排双级行星齿轮机构

掌握单排双级行星齿轮机构的运动规律是学习拉维娜式行星齿轮机构的基础,如图3-18所示。

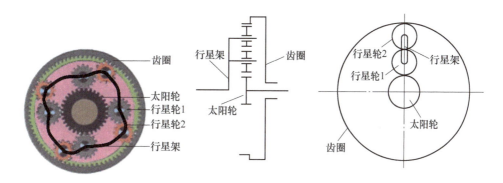

图3-18 单排双级行星齿轮机构

单排双级行星齿轮机构有3个基本元件:太阳轮、齿圈和行星架。在太阳轮与齿圈之间有两组行星轮:行星轮1和行星轮2。两组行星轮共用一个行星架。行星轮不能做动力的输入或输出元件,只起到中间传力作用(惰轮)。3个基本元件中如果没有固定元件,将任意两个元件作为动力输入和输出均不能传递动力。为了组成具有一定传动比的传动机构,必须将太阳轮、齿圈和行星架这3个元件中的一个加以固定,或者将某两个基本元件互相连接在一起,即两者同速转动,才能获得一定的传动比。其运动方程如下:

$$n_1 - an_2 = (1-a)n_3$$

式中　n_1——太阳轮转速,单位为 r/min;

　　　n_2——齿圈转速,单位为 r/min;

　　　n_3——行星架转速,单位为 r/min;

　　　a——齿圈与太阳轮齿数比。

1)将行星架固定,以太阳轮为主动件、齿圈为从动件,则行星齿轮的轴线被固定,行星齿轮只能自转,不能公转。由于行星架固定,所以 $n_3 = 0$,传动比 $i = n_1/n_2 = a$,由于齿圈的齿数 z_2 大于太阳轮的齿数 z_1,因而这一传动比的数值 $a > 1$,从动件与主动件是同向减速传动,如图3-19a所示。

2)将行星架固定,以齿圈为主动件、太阳轮为从动件,传动比 $i = n_2/n_1 = 1/a$,由于太阳轮的齿数 z_1 小于齿圈的齿数 z_2,$i < 1$,从动件与主动件是同向增速传动。

3）将太阳轮固定，以行星架为主动件、齿圈为从动件，由于太阳轮固定，所以 $n_1 = 0$，传动比 $i = n_3/n_2 = a/(a-1)$。这一传动比 $i > 1$，从动件与主动件是同向、减速传动，如图 3-19b 所示。

4）将太阳轮固定，以齿圈为主动件、行星架为从动件，传动比 $i = n_2/n_3 = (a-1)/a$。这一传动比 $i < 1$，从动件与主动件是同向、增速传动。

5）将齿圈固定，以行星架为主动件、以太阳轮为从动件，由于齿圈固定，所以 $n_2 = 0$，传动比 $i = n_3/n_1 = 1/(1-a)$。由于 $a > 1$，$(1-a) < 0$，此传动比 $i<0$，表示输出与输入转向相反、增速传动，如图 3-19c 所示。

6）将齿圈固定，以太阳轮为主动件、以行星架为从动件，传动比 $i = n_1/n_3 = (1-a)$。此传动比 $i<0$，从动件与主动件是反向、减速传动。

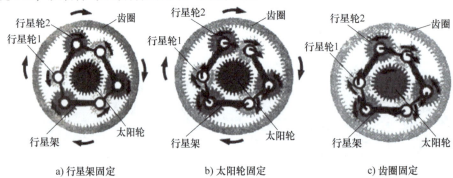

a）行星架固定　　　　b）太阳轮固定　　　　c）齿圈固定

图 3-19　单排双级行星齿轮机构动力传递

7）若将任意两个基本元件互相连接起来，也就是使 $n_1 = n_2$ 或 $n_2 = n_3$，则由行星排的运动特性方程可知，第 3 个基本元件的转速必与前两个基本元件的转速相同，即 3 个基本元件将以同样的转速一同旋转。此时不论以哪两个基本元件为主动件、从动件，其传动比都是 1。这种情况相当于直接档。

8）若 3 个基本元件都没有被固定，各个基本元件都可以自由转动，则此时该机构不论以哪两个基本元件为主动件、从动件，都不能获得动力传递，处于空档状态。

以上是单排双级行星齿轮运动规律分析，为便于记忆，可归纳如下：
①只要齿圈主动，无论哪个元件固定，均为同向、增速传动。
②只要齿圈从动，无论哪个元件固定，均为同向、减速传动。
③只要齿圈固定，无论哪个元件主动，均为反向传动，可实现倒档。
④任意两元件连为一体，可实现同向等速传动，为直接档。
⑤无固定元件，不能传递动力，为空档。

3. 行星齿轮的组合

辛普森式行星齿轮机构为双排行星轮结构，两组齿轮机构由共用的太阳轮相连接。前、后行星齿轮机构有两种连接方式：一种是前行星齿轮机构的齿圈与后行星齿轮机构的行星架相连，称为前齿圈和后行星架组件，如图 3-20a 所示，输出轴通常与前齿圈和后行星架组件连接；另一种是前行星齿轮机构的行星架与后行星齿轮机构的齿圈相连，称为前行星架和后齿圈组件，输出轴通常与前行星架和后齿圈组件连接。经过上述组合，该机构成为一种具有 4 个独立元件（前齿圈、前后太阳轮组

辛普森齿轮机构认识

件、后行星架、前行星架和后齿圈组件）的行星齿轮机构。

拉维娜式行星齿轮机构的显著特点为一长一短两组行星齿轮，一大一小两个太阳轮，共用一个行星架和一个齿圈，如图 3-20b 所示。

CR-CR 式行星齿轮机构即双向串联式行星齿轮机构，其两个单排行星齿轮的前行星架和后齿圈是一体的，前齿圈和后行星架也是一体的，如图 3-20c 所示。

单向串联式行星齿轮机构的前行星架和后齿圈是一体的，但前齿圈和后行星架则是各自独立的，如图 3-20d 所示。

复合式行星齿轮机构是由两个以上单排行星齿轮组合而成的行星齿轮机构，复合式行星齿轮机构在 5 个档以上的自动变速器中使用比较多，如图 3-20e 所示。

二、动力流分析

丰田 A341E 自动变速器是后轮驱动 4 档变速器，是典型的辛普森式自动变速器，如图 3-21

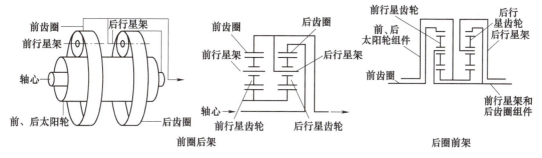

a) 辛普森式行星齿轮机构

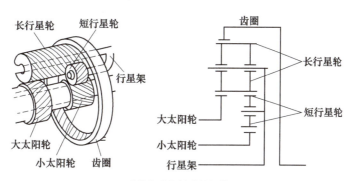

b) 拉维娜式行星齿轮机构

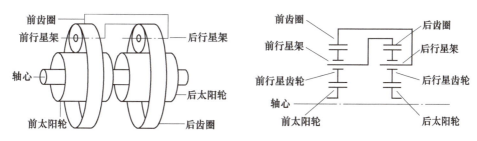

c) CR-CR 双向串联式行星齿轮机构

图 3-20　行星齿轮的组合

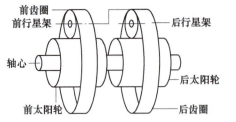 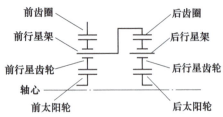

d) 单向串联式行星齿轮机构

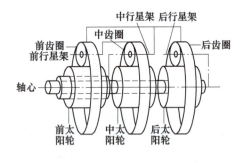 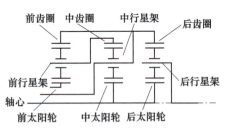

e) 复合式行星齿轮机构

图 3-20　行星齿轮的组合（续）

所示。该自动变速器共有 3 个行星排、10 个换档执行元件（为实现各档位不同动力传递，对行星排基本元件进行控制的元件，有离合器 C、制动器 B 和单向离合器 F 3 种类型）实现了 4 个前进位、1 个倒档和空档。最前面的行星排是专为实现超速档设置的，称为超速行星排。后面两行星排的组合方式是辛普森式齿轮变速机构，两行星排共用太阳轮，前行星架与后齿圈通过花键与输出轴连接。

各换档执行元件控制情况：C_0 为超速档离合器，将超速排太阳轮与行星架连为一体；B_0 为超速档制动器，双向固定超速排太阳轮；F_0 为超速排单向离合器，可阻止超速排行星架相对于太阳轮逆时针转动；C_1 为前进档离合器，连接超速排齿圈与前排齿圈；C_2 为直接档离合器（也称倒、高档离合器），连接超速排齿圈与公共太阳轮；B_1 为 2 档强制制动器，固定公共太阳轮；B_2 为 2 档制动器，与 F_1 一起可阻止公共太阳轮逆时针转动；F_1 为单向离合器，单向固定公共太阳轮，B_2 工作时可阻止太阳轮逆时针转动；B_3 为低、倒档制动器，双向固定后行星架；F_2 为单向离合器，单向固定后行星架，可阻止后行星架逆时针转动。

档位动力分析与演示

其结构特点有：①输入轴与超速排行星架制为一体；②超速排单向离合器 F_0 的内圈是超速排太阳轮，而其外圈与超速排行星架啮合；③超速排齿圈与中间输入轴相连接，而中间输入轴同时与前进档离合器 C_1 的鼓和直接档离合器 C_2 的毂为一体转动；④前进档离合器 C_1 的毂与前行星排齿圈为一体；⑤直接档离合器 C_2 的鼓与前、后太阳轮支架啮合在一起转动为一体；⑥前、后太阳轮为一个整体；⑦2 档制动器 B_2 和单向离合器 F_1 经串联后作用于前、后公共太阳轮，共同作用使太阳轮不能逆时针转动；⑧单向离合器 F_2 的外圈与后行星架为一体，而内圈与自动变速器的壳体连接，使后行星架不能逆时针转动；⑨前行星架、后齿圈与输出轴花键连接在一起。

为分析各档位的动力传递，需查询维修手册提供的换档执行元件工作情况。A341E 自动变速器各档位换档执行元件动作情况见表 3-3。

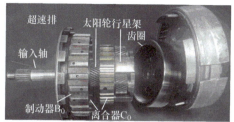

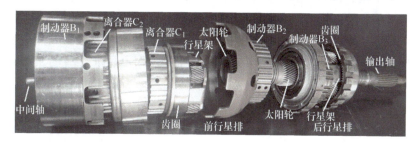

a) 零部件位置

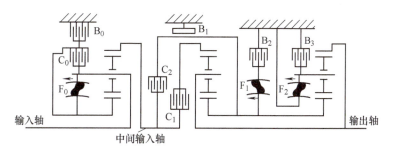

b) 示意图

图 3-21　A341E 行星齿轮机构

表 3-3　A341E 自动变速器各档位换档执行元件动作情况

变速杆位置	档位	C$_0$	C$_1$	C$_2$	B$_0$	B$_1$	B$_2$	B$_3$	F$_0$	F$_1$	F$_2$	发动机制动
P	驻车档	●										
R	倒档	●		●				●	●			○
N	空档	●										
D	1档	●	●						●		●	
D	2档	●	●				●		●	●		
D	3档	●	●	●					●			○
D	4档		●	●	●							○
2	1档	●	●						●		●	
2	2档	●	●			●	●		●			○
L	1档	●	●					●	●			○

注：●表示该元件工作；○表示有发动机制动。

部分档位动力传递分析如下：

1. P/N 位

当变速杆置于 P 位或 N 位时，超速档离合器 C_0 处于工作状态。虽然行星齿轮机构都处于常啮合状态，但是由于前进档离合器 C_1 和直接档离合器 C_2 均不在接合状态，超速档行星排的动力无法传递至后续的双排行星齿轮机构，所以，超速档行星排处于空转状态，即整个自动变速器处于空档。在 P 位时，驻车锁止装置如图 3-22 所示，联动杆端部的凸轮将驻车棘爪卡在齿轮槽中，将与输出轴一体的锁止齿轮固定于壳体上。因此，若在 P 位状态下强行拖动车辆，必然造成自动变速器外壳的损坏，导致重大损失；同时，在上、下坡停车时，不要仅仅使用 P 位制动车辆，而应该牢牢拉紧驻车制动器手柄进行制动，以免使 P 位机械锁受力过大而损坏。

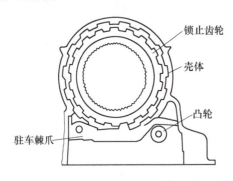
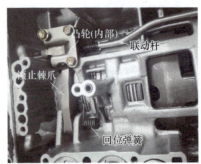

图 3-22　驻车锁止装置

2. R 位

当变速杆置于 R 位时，换档执行机构 C_0、C_2、B_3 和 F_0 工作。

当超速档离合器 C_0 接合时，超速档太阳轮和超速档行星架被连为一体，行星排整体转动，动力传递至后续的双排行星齿轮机构。离合器 C_2 接合，使输入轴与前、后太阳轮组件连接，同时低档及倒档制动器 B_3 产生制动，将后行星架固定。此时发动机动力经输入轴、超速行星排、中间输入轴传给前、后太阳轮组件，使前、后太阳轮朝顺时针方向转动。由于后行星架固定不动，因此在后行星排中，后行星轮在后太阳轮的驱动下朝逆时针方向转动，并带动后齿圈朝逆时针方向转动，与前行星架和后齿圈组件连接的输出轴随之朝逆时针方向转动，从而改变了传动方向，形成倒档传动状态，如图3-23所示。此时，前行星排中齿圈可以自由转动。

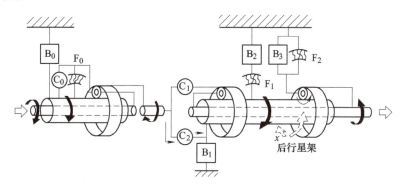

图 3-23　倒档动力传递路线

倒档动力传递路线为：

输入转速→超速行星排→直接档离合器 C_2→太阳轮→　⎫
　　　倒档制动器 B_3 制动→后行星架制动→　　　　　⎭→后行星齿轮→后齿圈→输出轴

3. D_1 档

由档位换档执行元件工作情况表可知，D 位1档参与工作的换档执行元件有 C_0、F_0、C_1、F_2。动力由超速排的行星架输入，C_0 和 F_0 工作，将超速排行星架和太阳轮连为一体，由超速排齿圈输出，超速排实现直接传动。C_1 离合器工作，将超速排齿圈与辛普森式行星齿轮机构前排齿圈连接，此齿圈与输入轴同向做顺时针转动，由于前行星架与输出轴连接，汽车起步时有较大的阻力，使得太阳轮做逆时针转动，后排太阳轮同样做逆时针转动，由于后齿圈与输出轴连接有阻力，使得后行星架产生逆时针转动的趋势，但是 F_2 阻止了后行星架的逆时针转动，即后行星架被固定，这样动力就由后齿圈输出，前行星架也一同旋转，动力最终由前、后两个行星排共同输出，实现前进1档，如图3-24所示。可以理解为 D_1 档起步时，输出轴克服驱动轮上的阻力，由静止到运动，相当于"撬别"的过程。

D_1 档动力传递路线为：

输入转速→超速行星排→前进离合器 C_1→前齿圈→前行星齿轮→
　　　⎛前行星架→　　　　　　　　　　　　　　⎞
　　　⎝太阳轮→后行星齿轮→后齿圈→　⎠→输出轴

通过以上的分析可以看出，当自动变速器处于 D_1 档时，输入的转矩既通过前行星架，又通过后行星排的齿圈传到输出轴上。在整个动力传输的过程中，前、后行星排均承受一定的负荷，这在很大程度上减轻了齿轮的负荷，防止了齿轮的损伤。

当汽车速度逐步升高，B_2 和 F_1 的共同作用使太阳轮的逆时针转动受阻，固定不动，所以，动力不再经过太阳轮向后行星排传动，而直接通过前行星排的行星架向输出轴传递，即 D_2 档时只有前行星排参与动力传输的工作，如图3-24b所示。

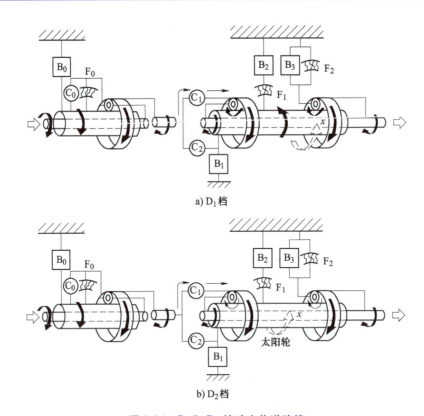

图 3-24 D_1 和 D_2 档动力传递路线

D_2 档动力传递路线为：输入转速→超速行星排→前进离合器 C_1→前齿圈→
前行星齿轮→
B_2 和 F_1 作用→太阳轮制动 ⎞→前行星架→输出轴

4. L_1 档

在变速器处于 L_1 档时，C_0、C_1、B_3、F_0 工作。L_1 档的动力传递路线与 D_1 档情况相同，不同之处在于：由于 B_3 工作，后行星架被双向制动固定，因而由发动机制动，所以 L_1 档又称低速发动机制动档。L_1 档动力传递路线如图 3-25 所示。

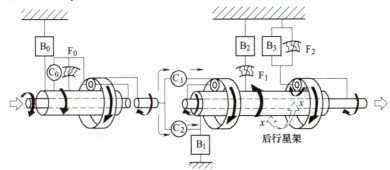

图 3-25 L_1 档动力传递路线

变速杆位于 L 档，处于 1 档时，后行星架是固定不动的，松开加速踏板滑行，发动机处于怠速工况而车速仍较高时，驱动轮在汽车惯性的作用下通过变速器输出轴和变速器，驱动变速器输入轴以原来的转速旋转（D_1 不能实现反向传递驱动），导致与变速器输入轴连接的变矩器涡轮的转速高于发动机曲轴连接的变矩器泵轮的转速，来自汽车驱动轮的反向驱动力通过变矩器作用于发动机曲轴。这样，发动机怠速运转的牵制阻力通过变矩器和行星齿轮机构作用于驱动轮，使驱动轮转速下降，汽车随之减速，称为发动机制动。

其他档位正常动力传递过程及发动机制动功能的实现可依据档位执行元件情况表以同样思路去分析。某些档位工作时，有多余的换档执行元件参与工作，其目的是保证档位变换顺利或简化结构。

 任务实施

【实施过程】

一、准备

准备变速器、维修资料、拆装与测量工具，教师讲解或示范，进行任务实施。

二、车下认识与检修

1）拆解自动变速器，查找行星排，指出各行星排的基本元件，演示单行星排的动力传递情况。

2）观察各行星排的连接关系，对照换档元件执行表分析各档位的动力传递路线。

3）行星齿轮机构检查。

行星齿轮组中的太阳轮和齿圈损坏的概率非常小，可能出现问题的是行星架，所以要检测行星齿轮和轴有无黑边现象。如果有，则说明在工作时严重超载，修理时应更换行星齿轮机构总成或更换行星架和行星轴。行星齿轮和行星架工作间隙过大是造成行星齿轮在工作中产生异响的主要原因，检查方法如图 3-26 所示。若间隙过大，应更换止动垫片或行星架和行星轮组件。同时，检查在转动的时候有无发卡的感觉和异响等。

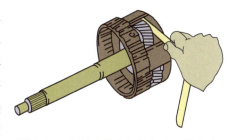

图 3-26　行星齿轮和行星架的间隙检查

【实施工单】

1. 信息查询

自动变速器型号：_____，档位数目：_____，行星齿轮机构（含换档执行元件）拆解维修手册查询路径：_____。

2. 车下认识与检修

项目	内容及结果
行星排	数目：_____，指出每个行星排的 3 个基本元件并组合各行星排，用手正确拿捏（固定或连接及主动输入）单排行星齿轮机构，演示、观察并写出 7 种动力传递情况 行星齿轮和行星架的间隙：□正常 □异常表现：_____ 行星排齿轮齿面：□正常 □异常表现：_____
结构特点	行星排间的连接情况：_____ 输入轴连接的元件是_____，将动力传递给输出轴的元件是_____ 离合器数目：_____，制动器数目：_____，单向离合器数目：_____ 其他结构特点：_____

(续)

项目	内容及结果
动力流分析	查找或画出结构示意图 查找写出变速器换档执行元件工作表,组装行星齿轮机构,用手拿捏,模拟各档位换档执行元件工作情况,转动演示、观察思考档位动力传递时各行星排元件的工作情况;有发动机制动的档位是_____,驻车锁止实现过程:_____ _____

【实施评价】

自我收获	自我评价	教师评价
	□满意 □较满意 □不满意	□优秀 □良好 □合格 □不合格

习题与思考

一、判断题

1. 行星齿轮机构内部是常啮合状态。   (   )
2. 行星齿轮机构组成元件上都有轮齿。   (   )
3. 要使行星齿轮机构有效传递动力,必须对其加以控制。   (   )
4. 自动变速器内多个行星排间是独立的。   (   )
5. 分析自动变速器各档位动力传递,需知道档位执行元件动作情况。   (   )

二、选择题

1. 单排行星齿轮机构中的基本元件有(   )。
   A. 太阳轮   B. 行星轮   C. 行星架   D. 齿圈
2. 对单排行星齿轮机构控制,可实现(   )种动力传递。
   A. 5   B. 6   C. 7   D. 8
3. 辛普森式齿轮机构有(   )个独立元件。
   A. 2   B. 3   C. 4   D. 5
4. 来自驱动轮的转矩通过变速器反向传递到发动机,发动机可起到(   )作用。
   A. 驱动   B. 制动   C. 转向   D. 减振
5. 行星齿轮机构中,易出现问题的是(   )。
   A. 太阳轮   B. 行星轮   C. 行星架   D. 齿圈

三、思考简答题

1. 简述单排单级行星齿轮机构的动力传递情况。
2. 如何分析液力自动变速器的档位动力流?

任务3　换挡执行元件检修

任务引入

液力自动变速器中每个行星排的齿轮都处于常啮合状态，它的档位变换不是通过移动齿轮或接合套进行的，而是通过以不同的方式对行星排的基本元件进行约束来实现的。约束元件（换挡执行元件）性能下降是液力自动变速器故障的主要原因，造成变速器无法自动换挡。本任务介绍换挡执行元件的工作及检修，进行本任务的学习需要了解液压缸工作的知识。

任务目标

1. 掌握换挡执行元件的组成及理解其工作过程。
2. 能结合维修资料，拆装、识别换挡执行元件及判断其作用。
3. 能结合维修资料，正确拆解换挡执行元件及附件，检查其技术状况。
4. 能初步诊断、处理换挡执行元件及附件的故障。
5. 培养学生主动交流及安全学习的能力和工匠精神。

知识链接

换挡执行元件的作用是约束控制行星齿轮机构以实现不同档位的不同传动比。在变速器故障中烧损摩擦片而引起的故障占比很大，因此在检修变速器时可先通过检查摩擦片的磨损程度以及密封元件的密封性能来查找故障原因。

一、换挡执行元件

换挡执行元件包括离合器、制动器和单向离合器。离合器和制动器的工作需要液压油的控制；单向离合器是否工作与液压系统无关，是机械性的。

1. 离合器

离合器的作用是连接或分离，即将变速器中的轴和行星排的某个基本元件连接或分离，或将行星排的某两个基本元件连接在一起或分离开，使之成为一个整体或彼此独立。它是自动变速器中最重要的换挡执行元件之一。

换挡执行元件认识

（1）组成　作为自动变速器换挡执行元件的离合器是一种多片湿式离合器，它通常由离合器鼓、活塞、回位弹簧、弹簧座、钢片、摩擦片、调整垫片、离合器毂及密封圈组成，如图3-27所示。

活塞安装在离合器鼓内，它是一种环状活塞，由活塞内、外圆的密封圈保证其密封，从而和离合器鼓一起形成一个封闭的环状液压缸，并通过离合器鼓内圆轴颈上的进油孔和控制油道相通。钢片和摩擦片交错排列，两者统称为离合器片。钢片的外花键齿安装在离合器鼓的内花键齿槽上，可沿键槽做轴向移动；摩擦片的内花键齿安装在离合器毂的外花键齿槽上，也可沿键槽做轴向移动。摩擦片的两面均为摩擦系数较大的铜基粉末冶金层或合成纤维层。为保证离合器接合柔和且散热及时，常把离合器片浸在油液中工作，因而称为湿式离

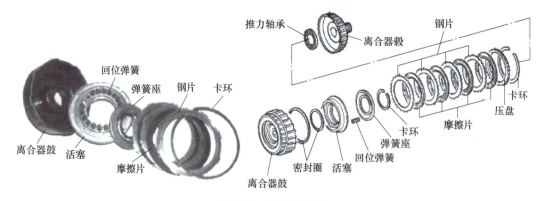

图 3-27 离合器组成

合器。

与摩擦片内花键连接、位于离合器片内侧的是离合器毂；与钢片外花键连接、一般作为离合器外壳体的是离合器鼓。离合器活塞回位弹簧有圆周均布螺旋弹簧、中央螺旋弹簧、波形弹簧、膜片弹簧和碟形弹簧等。圆周均布螺旋弹簧式具有压力分布均匀、轴向尺寸小、成本低等优点，被大多数自动变速器的离合器所采用。

（2）工作过程　离合器鼓或离合器毂分别以一定的方式和变速器输入轴或行星排的某个基本元件相连接，一般离合器鼓为主动件，离合器毂为从动件，有的离合器上把离合器鼓作为从动件。如图 3-28 所示，当来自控制阀的液压油作用在离合器活塞上推动活塞，使之克服回位弹簧的弹力而右移，如图 3-28b 所示，将所有的钢片和摩擦片相互压紧在一起，钢片和摩擦片之间的摩擦力使离合器鼓和离合器毂连接为一个整体，分别与离合器鼓和离合器毂连接的输入轴或行星排的基本元件因此被连接在一起，离合器处于接合状态，如图 3-28c 所示。

当液压控制系统将作用在离合器液压缸内的液压油的压力解除后，离合器活塞在回位弹簧的作用下被压回液压缸的底部，并将液压缸内的液压油从进油孔排出，如图 3-28d 所示。此时钢片和摩擦片相互分离，两者之间无压力，离合器鼓和离合器毂可以朝不同的方向或以不同的转速旋转，离合器处于分离状态。此时，离合器活塞和离合器鼓或离合器片与卡环之间有一定的轴向间隙，以保证钢片和摩擦片之间无任何轴向压力。这一间隙称为离合器的自由间隙，即工作间隙或行程，其大小可以用压盘（最外层钢片）的厚度来调整。一般离合器自由间隙为 0.5～2.0mm，离合器自由间隙的大小取决于离合器摩擦片的片数和工作条件。通常离合器片数越多或离合器的交替工作越频繁，其自由间隙越大。

（3）工作要求

1）分离时。离合器处于分离状态时，若其液压缸内仍残留有少量液压油，由于离合器鼓是随同轴或行星排某一基本元件一同旋转的，残留在液压缸内的液压油在离心力的作用下会被甩向液压缸外缘处并在该处产生一定的油压。若离合器鼓的转速较高，这一压力有可能推动离合器活塞压向离合器片，使离合器处于半接合状态，导致钢片和摩擦片因互相接触摩擦而产生不应有的磨损，影响离合器的使用寿命。为了防止这种情况出现，在离合器活塞或离合器鼓的液压缸壁面上设有一个由钢球组成的单向阀。当液压油进入液压缸时，钢球在油压的推动作用下压紧在阀座上，单向阀处于关闭状态，保证了液压缸的密封，如图 3-28b 所

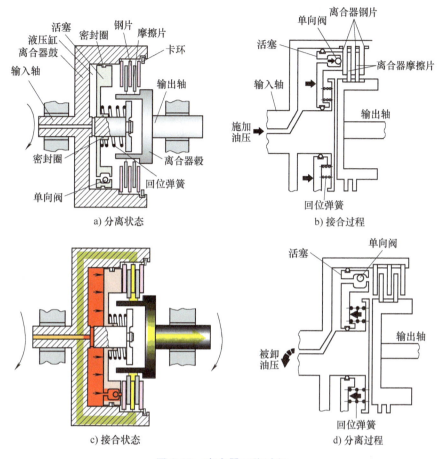

图 3-28 离合器工作过程

示;当液压缸内的油压被解除后,单向阀的钢球在离心力的作用下离开阀座,使单向阀处于开启状态,残留在液压缸内的液压油在离心力的作用下从单向阀的阀孔中流出,保证了离合器彻底分离,如图 3-28d 所示。

2)接合时。离合器处于接合状态时,互相压紧在一起的钢片和摩擦片之间要有足够的摩擦力,以保证传递动力时不产生打滑现象。离合器所能传递的动力的大小主要取决于摩擦片的面积、片数及钢片和摩擦片之间的压紧力。钢片和摩擦片之间压紧力的大小由作用在离合器活塞上的液压油的油压及活塞的面积决定。当压紧力一定时,离合器能传递的动力的大小就取决于摩擦片的面积和片数。在同一个自动变速器中通常有几个离合器,它们的直径、面积基本上相同或相近,但它们所传递的动力的大小往往有很大的差异。为了保证动力的传递,每个离合器所使用的摩擦片的片数也各不相同。离合器所要传递的动力越大,其摩擦片的片数就越多。一般离合器摩擦片的片数为 2~6 片。离合器钢片的片数应不少于摩擦片的片数,以保证每个摩擦片的两面都有钢片。此外,同一厂家生产的同一类型的自动变速器可以在不改变离合器外形、尺寸的情况下,通过增减各个离合器摩擦片的片数来形成不同型号的自动变速器,以满足不同排量车型的使用要求。在这种情况下,当减少或增加摩擦片的片数时,要相应增加或减少钢片的个数或增减调整垫片的厚度,以保证离合器的自由间隙不变。因此,有些离合器在相邻两个摩擦片之间装有两片钢片,这是为了保证自动变速器在改型时的灵活性,并非漏装了摩擦片。

2. 制动器

制动器的作用是将行星排中的太阳轮、齿圈、行星架这3个基本元件之一加以固定,使之不能旋转。目前最常见的制动器是片式制动器和带式制动器两种。

(1) 片式制动器　片式制动器由制动鼓、制动器活塞、回位弹簧、钢片(制动器盘)、摩擦片及制动器毂等组成。它的工作原理和多片湿式摩擦离合器基本相同,但片式制动器的制动鼓(相当于离合器鼓)是固定在变速器壳体上的,如图3-29所示。钢片通过外花键齿安装在固定于变速器壳体上的制动鼓相应槽中,或直接安装在变速器壳体上的内花键齿槽中;摩擦片通过内花键齿和制动器毂上的外花键槽连接。当制动器不工作时,钢片和摩擦片之间没有压力,制动器毂可以自由旋转。当制动器工作时,来自控制阀的液压油进入液压缸中,油压作用在制动器活塞上,推动活塞将制动器摩擦片和钢片紧压在一起,这样,与行星排某一基本元件连接的制动器毂就被固定住而不能旋转。

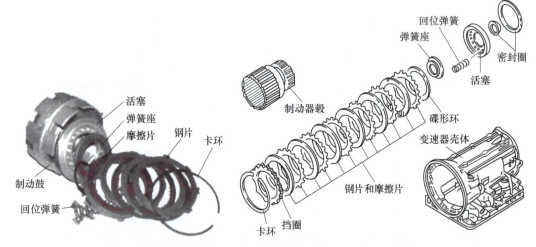

图3-29　制动器的组成

图3-30所示为制动器的工作过程。当受到控制油压的作用时,活塞在油缸内运动,使摩擦片与制动器盘相互接触,结果在每个摩擦片与制动器盘间产生很大的摩擦力,使行星架锁定在变速器壳体上;当控制油压解除时,由于回位弹簧的作用,活塞回至原位,制动解除,行星架被释放。

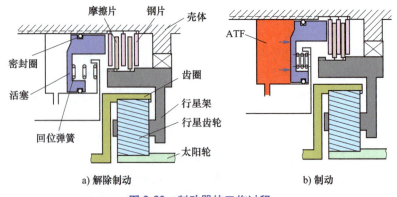

图3-30　制动器的工作过程

（2）带式制动器　带式制动器由制动鼓、制动带、液压缸及活塞组成，如图3-31所示。制动鼓与行星排的某一基本元件连接并随之一同旋转。制动带的一端支承在变速器壳体上的制动带支架或制动带调整螺钉上，另一端与液压缸活塞上的推杆连接。制动带内表面为一层摩擦系数较高的摩擦衬片。

当液压施加到活塞上时，活塞在液压缸内向左移动，压缩弹簧，推杆（活塞杆）随活塞向左移动，推动制动带的一端，因为制动带的另一端是固定在自动变速器壳体上，所以制动带的直径减小，使制动带夹紧在制动鼓上。此时在制动带与制动鼓之间产生大的摩擦力使制动鼓及相连元件不能转动。当液压油从缸内排出时，活塞和推杆被外弹簧（回位弹簧）的力推回，使制动鼓被拉开，可转动。内弹簧的作用是吸收制动鼓的反作用力和减少制动带夹紧时产生的振动。

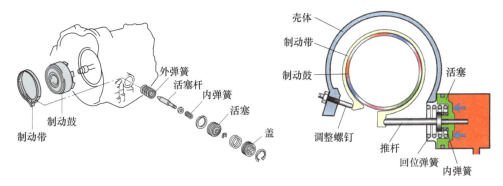

图3-31　带式制动器的组成

3. 单向离合器

单向离合器的作用是单向锁止。单向锁止是指两个元件之间或元件与壳体之间只能单方向锁止，当与之相连的元件受力方向与锁止方向相同时，该元件被固定或连接；当受力方向与锁止方向相反时，该元件被释放或脱离连接。其作用不能被制动器代替，制动器是双向制动紧固。单向离合器主要有滚柱式和楔块式两种。

在某些新型自动变速器中采用了其他换档执行元件，如采埃孚ZF9自动变速器使用了爪形离合器，通用GF9自动变速器使用了可控单向离合器。

二、附件

自动变速器附件包括轴承、止动垫圈、衬套和卡环等，它们起到支承和限位的作用，能减少运动部件之间的摩擦和控制变速器内组件的轴向窜动和径向跳动，防止变速器异常磨损，确保组件位置正确。

推力轴承是使自动变速器中的零部件在轴向上分隔，避免发生运动干涉的一个部件。它可用来减轻元件间的摩擦和产生的磨损，还用于控制轴向间隙。它由带保持架的轴承和前、后两侧的座圈组成，如图3-32所示，有些推力轴承三件被制成一体。

止动垫圈经常既作为轴承又作为间隙调整垫片，它们被制成各种厚度。它们的内圆或外圆可能有一个或多个凸舌或开槽，同轴孔相配合以防止它们转动。止动垫圈使用的材料相比它分隔的组件所使用的材料要软，止动垫圈一般由尼龙、塑料、青铜或镀铜的软钢制成，可保持良好的润滑性能以便减少摩擦，如图3-33所示。由于止动垫圈的材料较软，所以比较容易磨损，因此变速器大修的时候需要更换止动垫圈。

衬套是圆柱形的，通常采用过盈配合安装。由于衬套是金属材料制成的，因此它们起到轴承的作用并支撑变速器的许多旋转零件。衬套还可以用于控制变速器油流动。衬套通常安装在变速器壳体的安装孔中或压进齿轮组件当中，如图 3-34 所示。

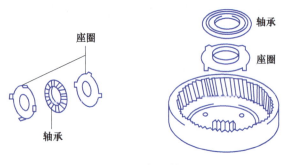

图 3-32 推力轴承

图 3-33 止动垫圈

图 3-34 衬套

卡环分为内卡环和外卡环。它可以将相关部件锁定在变速器内的相应位置，还可以利用若干不同厚度的卡环来调节多片离合器的间隙。有些卡环在端部带孔，在拆装时可用卡环钳夹到孔中进行拆装。许多卡环只有简单的方形端面或锥形端面，可以用小螺钉旋具来拆除。安装锥面卡环时要注意方向，不能装反，如图 3-35 所示。

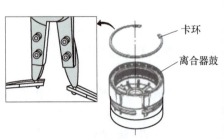

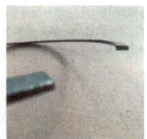

图 3-35 卡环

项目3 液力自动变速器检修

 任务实施

【实施过程】

一、准备

准备变速器、维修资料、拆装与测量工具,教师讲解或示范,进行任务实施。

二、车下认识与检修

1. 认识

拆解自动变速器,判断并指出离合器、制动器及单向离合器所控制的元件;各分解其一,认识组成及工作过程。

2. 换档执行元件检修

(1) 检查片式离合器和片式制动器

1) 检查摩擦片。

① 检查摩擦片磨损情况。带机油槽的摩擦片在油槽磨平后,失去了机油的保护会立即烧蚀;油槽磨平后,必须更换摩擦片。带含油层的摩擦片,摩擦表面上有一层保持自动变速器油的含油层。将新拆下来的摩擦片用无毛布将表面擦干,用手轻按摩擦表面时应有较多的自动变速器油溢出。轻按时如果不出油,说明摩擦片含油层(隔离层)已被抛光,无法保持自动变速器油,必须更换。也可通过观察含油层摩擦片上印的数字来判断摩擦片的磨损情况。若数字没有磨掉可继续使用,若任何部位的数字被磨掉,则需要更换新摩擦片。新摩擦片在安装之前,应在自动变速器油中至少浸泡 15min。

换档执行元件检查

② 检查摩擦片颜色。摩擦片通常为棕黄色,若颜色变暗或发黑,说明摩擦片有烧蚀情况,应更换。造成摩擦片颜色发黑的原因是离合器打滑、自动变速器油温过高;引起某个离合器摩擦片烧焦的原因是该离合器的活塞密封圈破坏、自由间隙过小、单向阀损坏等。

③ 检查摩擦片裂纹和剥落。摩擦片上有铜基粉末冶金层,可观察摩擦片表面,如图 3-36 所示。若该层摩擦材料有裂纹或剥落,应更换摩擦片。

高速或下坡空档滑行、驱动轮着地拖车时,驱动轮会反拖带动自动变速器内部部件运转,使摩擦片得不到良好润滑冷却而烧蚀损坏。

2) 检查钢片。钢片的损伤主要是变形,检查时将两片钢片贴合在一起,观察两者之间是否有缝隙,如图 3-37 所示。若有缝隙应更换。

图 3-36 摩擦片检查

图 3-37 钢片检查

3) 检查离合器和制动器的工作间隙。

检测离合器工作间隙时,可用塞尺测量;如果塞尺测量不便,可以用一定值的高压气体、空气枪、百分表和磁力表架。把百分表抵住外侧压盘或活塞上表面，然后把空气枪对准进油口，固定好离合器，如图3-38所示，对离合器油路施加压缩空气，通过百分表摆差读出活塞的工作间隙。

制动器工作间隙通常在装配制动器摩擦片和钢片组件时进行测量。先将制动器摩擦片和钢片组件装入变速器壳，卡上卡环，用塞尺测量摩擦片和钢片之间的间隙，如图3-39所示。如果无塞尺测量口，可用上述离合器工作间隙的气压模拟、百分表测量方法。

图3-38　离合器间隙检查　　　　　　图3-39　制动器间隙检查

（2）检查带式制动器

1）检查制动带。制动带拆下来后应将两端用钢丝系在一起，在检修过程中严禁将制动带展平、弯曲和扭转，否则易造成表面摩擦材料开裂和脱落，甚至造成制动带变形，造成与制动鼓局部接触，使制动器打滑。检查时，将制动带包在制动鼓工作外表面，观察两者是否完全贴合。观察制动带表面是否有缺陷、碎屑，摩擦表面是否出现不均匀磨损，摩擦材料是否剥落，摩擦材料上印刷数字部分是否有磨损，是否有掉色、烧蚀等，如图3-40所示。若有，应更换制动带。

2）检查制动鼓。与制动带配合工作的制动鼓的摩擦表面需要进行检查。检查钢板冲压的制动鼓时，把刀口尺立在鼓的摩擦表面上，观察刀口尺与制动鼓之间是否有间隙，检查鼓表面的垂直度，如图3-41所示。

 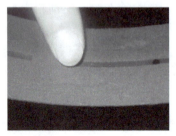 

图3-40　制动带检查　　　　　　　　图3-41　制动鼓表面检查

（3）检查单向离合器　由于单向离合器属于纯机械机构，它的检查和测试相对简单。首先进行外观检查，检查单向离合器的内、外圈是否有烧蚀发蓝的痕迹，是否有划痕或裂纹。如果外观检查发现问题，应更换单向离合器，但在更换之前需要检查相关传动部件以及变速器润滑油路等，以找到单向离合器损坏的根本原因。如果外观检查正常，接下来检查单向离合器的转动是否正常，通常用一只手固定单向离合器外圈，另一只手转动单向离合器内圈来检查其转动情况。若内圈在一个方向能自由转动，而在另一个方向锁止，则表明单向离合器功能正常。其他情况均视为单向离合器功能故障。

【实施工单】

1. 信息查询

自动变速器型号：_____，换档执行元件说明及拆装维修手册查询路径：_____。

2. 车下认识与检修

项目	内容及结果
换档执行元件	总数目：_____，离合器数目：_____ 制动器数目：_____，单向离合器数目：_____
离合器	所控制的元件的判断结果： _____ _____ 摩擦片：□正常 □磨损 □变形 □其他表现：_____ 钢片：□正常 □磨损 □变形 □其他表现：_____ 活塞：□正常 □磨损 □变形 □其他表现：_____ 密封圈：□正常 □老化 □变形 □其他表现：_____ 快速卸油（工作品质改善）方式为_____ 回位弹簧形式为_____，性能：□正常 □异常 油道：□通畅 □堵塞 工作间隙值：_____，□正常 □过大 □过小，异常原因：_____
片式制动器	所控制的元件的判断结果： _____ _____ 摩擦片：□正常 □磨损 □变形 □其他表现：_____ 钢片：□正常 □磨损 □变形 □其他表现：_____ 活塞：□正常 □磨损 □变形 □其他表现：_____ 密封圈：□正常 □老化 □变形 □其他表现：_____ 回位弹簧形式为_____，性能：□正常 □异常 油道：□通畅 □堵塞 工作间隙值：_____，□正常 □过大 □过小，异常原因：_____
带式制动器	所控制的元件的判断结果： _____ _____ 制动带：□正常 □变形 □失去摩擦材料 □其他表现：_____ 制动鼓：□正常 □变形 □划痕 □其他表现：_____ 伺服装置活塞：□正常 □磨损 □变形 □其他表现：_____ 回位弹簧形式：_____，性能：□正常 □异常表现：_____ 油道：□通畅 □堵塞 工作间隙值：_____，□正常 □过大 □过小，异常原因：_____

(续)

项目	内容及结果
单向离合器	所控制的元件的判断结果： _____ _____ _____ 内圈：□光滑 □划痕，外圈：□光滑 □划痕，楔块：□正常 □磨损 工作情况：□正常 □双向锁止 □双向转动
附件	轴承及垫圈安装位置：_____

【实施评价】

自我收获	自我评价	教师评价
	□满意 □较满意 □不满意	□优秀 □良好 □合格 □不合格

习题与思考

一、判断题

1. 自动变速器档位的变换是通过对行星齿轮机构进行不同的约束控制来实现的。（　　）
2. 离合器理想工作状态是接合柔和，分离迅速。（　　）
3. 在离合器活塞或离合器鼓的液压缸壁面上设有一个由钢球组成的单向阀，目的是让离合器分离时迅速彻底。（　　）
4. 片式制动器的制动鼓通常是变速器的壳体。（　　）
5. 轴承、止动垫圈和衬套起到支承和限位的作用，确保组件位置正确。（　　）

二、选择题

1. 换档执行元件的种类有（　　）。
   A. 离合器　　　　B. 制动器　　　　C. 差速器　　　　D. 单向离合器
2. 湿式离合器由（　　）组成。
   A. 离合器鼓　　　B. 活塞　　　　　C. 钢片　　　　　D. 摩擦片
3. 工作靠液压控制的换档执行元件有（　　）。
   A. 离合器　　　　B. 制动器　　　　C. 变矩器　　　　D. 单向离合器
4. 属于离合器和制动器检查项目的有（　　）。
   A. 摩擦片磨损　　B. 钢片变形　　　C. 密封圈损坏　　D. 工作间隙
5. 新摩擦片在安装之前应在自动变速器油中至少浸泡（　　）min。
   A. 5　　　　　　B. 10　　　　　　C. 15　　　　　　D. 20

三、思考简答题

1. 简述换档执行元件的作用。
2. 简述离合器的工作过程。

任务4 液压控制系统检修

任务引入

换档执行元件离合器和制动器的工作是靠液压控制,而档位的变换是靠换档执行元件不同工作组合完成的,故档位的变换是靠液压控制系统以不同油路控制液压实现的。本任务介绍液压控制系统的工作原理及检修方法,进行本任务的学习需要先了解液压基本原理知识。

任务目标

1. 掌握液压控制系统的组成及理解其工作过程。
2. 能结合维修资料,拆装、识别液压控制系统的组成件。
3. 能结合维修资料,正确拆解液压控制系统的组成件并检查其技术状况。
4. 能初步进行油路分析,诊断、处理液压控制系统的故障。
5. 培养学生主动交流及学习的能力和工匠精神。

知识链接

液压控制系统的作用是控制自动变速器油(ATF)的流动,控制换档执行元件的工作,从而改变行星齿轮机构的传动比,实现档位变换;补偿液力变矩器的油压;润滑所有运动部件特别是行星齿轮机构,冷却工作介质(ATF)等。如图3-42所示,液压控制系统基本工作过程是变速器油通过滤清器过滤后被吸入油泵中,油泵对变速器油加压,加压后的变速器油随后进入压力调节阀、阀体及其他应用装置中,实现其作用。

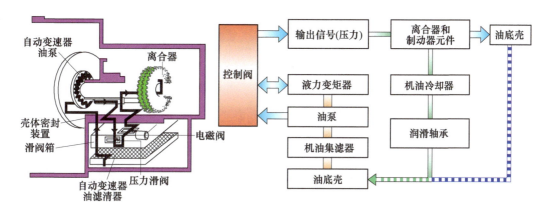

图3-42 液压控制系统基本工作框图

目前,电子控制液压换档系统广泛用于汽车自动变速器,它是在早期全液控自动变速器的基础上,增加了若干传感器、控制单元和电磁阀等构成的电子控制系统。因为系统中的换档执行机构仍然是液压的,故称为电控液压换档系统,简称电液控系统。电液控自动变速器控制流程图如图3-43所示。

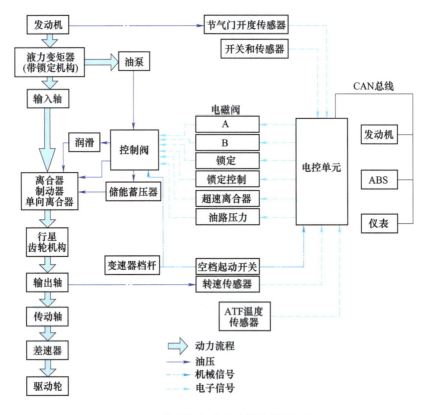

图 3-43 电液控自动变速器控制流程图

一、液压部件

1. 油泵

油泵是液压供给部件。常见的油泵有齿轮泵、转子泵及叶片泵等。油泵通常安装在液力变矩器之后,由液力变矩器泵轮轴驱动。由于泵轮与发动机飞轮通过螺栓刚性连接,因此,可以认为油泵是由发动机直接驱动的。有的油泵的安装位置不是紧挨液力变矩器,通过链条来驱动。

(1) 齿轮泵 图3-44所示为内啮合齿轮泵,其中小齿轮为主动件,大齿轮为从动件。小齿轮内环有两个凸块,插入泵轮轴上的凹槽内,用于驱动油泵运转。当油泵在转动时,油泵的主动齿轮带动从动齿轮转动。在齿轮脱离啮合的一端,容积由小变大,产生吸力,将ATF从油底壳经滤网吸入油泵;在齿轮进入啮合的一端,容积由大变小,油压升高,把ATF以一定压力泵出。油泵由发动机经液力变矩器直接驱动,所以油泵的转速随发动机转速的改变而改变,其排油量也随之变化。在油泵的输出油路中装有卸压阀,其作用是限制油泵最高输出压力,以保证液压系统的安全。

液压部件认识检查

(2) 转子泵 转子泵又称摆线泵,如图3-45所示,它是按照内啮合原理工作的油泵。与内啮合齿轮相似,它由外转子和内转子及泵体组成,内转子的齿数比外转子少一个,内转子的各齿顶通常与外转子的齿面滑动接触,随着回转,两齿轮的齿间容积发生变化,进行油

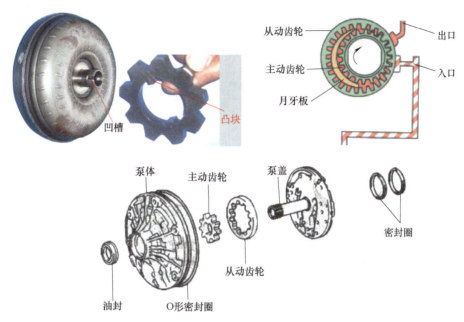

图 3-44　内啮合齿轮泵

液的吸入与排出。

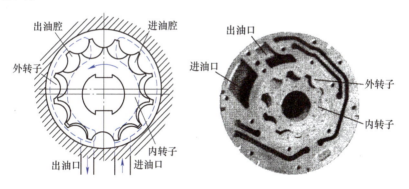

图 3-45　转子泵

（3）叶片泵　如图 3-46 所示，叶片泵由泵体、定子、转子、叶片等组成。转子上有均匀分布的径向狭槽，矩形叶片安装在槽内并可在槽内径向滑动。转子与定子偏心安装或定子内环为椭圆，转子旋转时，叶片靠离心力及叶片槽底压力油的作用紧贴在定子内壁上。这样，两个相邻的叶片与定子内表面、转子外表面及两端面构成了若干个密封的工作容积。

当转子按图示箭头方向旋转时，下边的叶片逐渐伸出，相邻两叶片的容积逐渐增大，形成局部真空，油液进入，即为吸油过程。上边的叶片被定子内表面逐渐压进槽内，工作容积逐渐减小，即为压油过程。这种叶片泵的定子不是固定在壳体上，而是可以绕一个销轴支点摆动，从而改变了转子与定子之间的偏心距，也就改变了油泵的流量。定子的摆动量由反馈油压控制。当发动机转速升高，油压增大时，反馈压力增大，定子在反馈油压的作用下克服弹簧压力，绕支点顺时针方向摆动，转子与定子之间的偏心距减小，减小了油泵的泵油量。

自动变速器车辆无法用牵引或推动起动的方法起动发动机，因为油泵不工作，自动变速

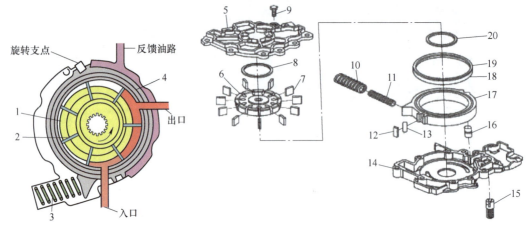

图 3-46 叶片泵

1、6—转子　2、7—叶片　3、10、11—调压弹簧　4、17—定子　5—泵盖　8—内环　9—泵盖螺栓　12—滑块　13—滑块支撑　14—泵体　15—出口滤网　16—支撑销　18—滑块密封圈　19—密封圈　20—内环

器无法建立起正常的工作油压，即使将变速杆置于 D 位，自动变速器内部仍然是空档，无法传递动力。

2. 液压控制部件

（1）阀体　阀体（俗称阀板）作为液压控制装置，结构很复杂，多数变速器把阀体安装在变速器下部的油底壳内。其主要由液压滑阀、球阀、回位弹簧和迷宫式油道组成，如图 3-47a 所示。阀体上各滑阀通过阀芯的移动以及滑阀油路间的相互作用，调整变速器油压力和流向，实现调压、换档、锁止离合器控制等功能。早期阀体中滑阀较多，随着自动变速器电控系统的发展，电磁阀越来越多集成于阀体上。每个滑阀有和阀孔内壁配合的台肩，这些配合面既要配合紧密以防变速器油泄漏，又要保证滑阀在阀孔内能自由移动。多数滑阀都

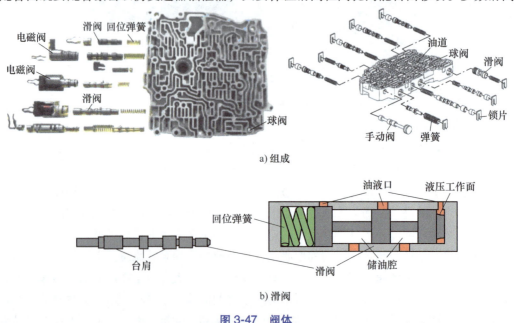

a) 组成

b) 滑阀

图 3-47 阀体

是一侧有弹簧，而液压作用在另一侧。当液压力大于弹簧力时，滑阀被推向弹簧一侧，如图3-47b所示。阀体一般由上阀体和下阀体组成，上阀体和下阀体由隔板隔开，其中隔板上有用于控制两个阀体之间变速器油流量的开口。

（2）管路压力调节阀　油泵输出的是主油压，也称线路油压、管路压力。变速器在不同工况时，需要油泵输出主油压不同，常用管路压力调节阀来进行调节，如图3-48a所示。如图3-48b所示，管路压力调节阀是滑阀，右端连通管路压力，左端受到弹簧力和管路压力控制电磁阀的输出油压共同控制。当管路压力控制电磁阀的输出油压为零时，作用在压力调节阀上的管路压力只需克服弹簧力即可推动阀芯。此时，回油口的开度最大，有较多的油液重新返回到油泵的入口，形成在同一发动机转速下的最小管路压力。发动机转速不变，随着

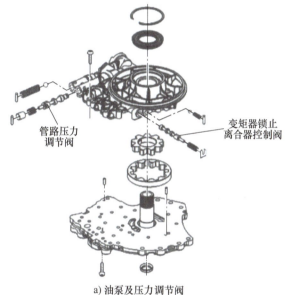

a) 油泵及压力调节阀

b) 压力减小　　　　　　　　　c) 压力增大

图3-48　管路压力调节阀

管路压力控制电磁阀输出油压的增大，阀芯向右移动关闭回油口，回油口的开度逐渐变小，从而使得管路压力增大，如图3-48c所示。

结合液压基本原理，换档阀及调压阀等滑阀的移动控制过程可类似分析。需指出的是，早期采用节气门阀来反映节气门大小与主油压的关系，现在几乎全取消了，由节气门位置传感器通过电控单元程序计算来反映。

（3）手控阀　阀体中的滑阀多数是液压控制，只有手控阀（手动阀）通过换档拉线机械控制，然后由棘轮定位。手控阀由一个末端带有滚轮的弹簧片施加预紧力，将滚轮卡到棘轮的凹槽内，使手控阀在其阀孔内正确定位，如图3-49所示。当操纵变速杆换档时，与变速杆连接的换档拉线带动变速器上的换档轴转动，换档轴的转动通过销轴卡槽使手控阀移动，管路压力进入手控阀，手控阀控制管路压力通往档位的油路。

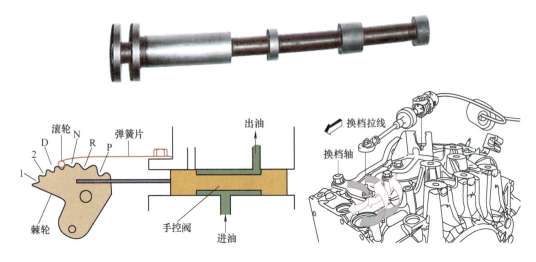

图3-49　手控阀及操纵

（4）球阀　阀体内部安装有钢或塑料制成的控制球阀，球阀可以很容易地控制变速器油的流动。自动变速器使用的球阀包括单向球阀、双向球阀、限压球阀等。

单向球阀如图3-50a所示，变速器油下行时可以推开球阀流动，上行时球阀关闭，即变速器油只能一个方向流动。

有些变速器使用一个双向球阀，也称为往返阀，如图3-50b所示。球阀被安装在两个相对的阀孔之间，且有另一个液压通道和它们相通。当液压油从其中一个阀孔流过时，球阀在液压的推动下关闭另一个阀孔。

限压阀通常采用球阀，它通过一个有预紧力的弹簧来限制球阀的移动，液压力作用在球阀的一侧，弹簧力作用在球阀的另一侧，如图3-50c所示。当液压力大于弹簧力时，球阀被推离阀座，液压释放，然后在弹簧力的作用下球阀落座。

（5）换档品质控制部件　变速器的换档品质即换档过程的平稳性，是自动变

 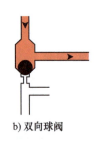 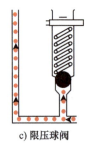

a) 单向球阀　　b) 双向球阀　　c) 限压球阀

图3-50　球阀

速器的一项重要指标。无论是手动变速器还是自动变速器，只要是有级变速器，都存在换档是否平顺的问题。两者的不同在于：手动变速器的换档平顺性主要依靠驾驶人的操作技术熟练程度来决定，而自动变速器则由自动换档控制机构的完善程度来决定。一般自动变速器在通向执行元件液压腔的油路上增加蓄能器、缓冲阀、定时阀、压力调节阀等，来提高换档的平顺性。

二、油路分析

液力自动变速器各档位传递动力的实现是靠一定油压的 ATF 对换档执行元件的控制，因此，每个档位的油路是不同的，是由阀体中阀的工作状态来决定的。将液压系统在每个档位的工作用油路图来表示，有助于理解变速器的控制过程及故障诊断。识读各档位的油路图可从油泵至工作的换档执行元件顺向或反过来逆向进行。下面以 A341E 阀体（图 3-51）的 D_1 档和 D_2 档油路来说明，如图 3-52 所示。

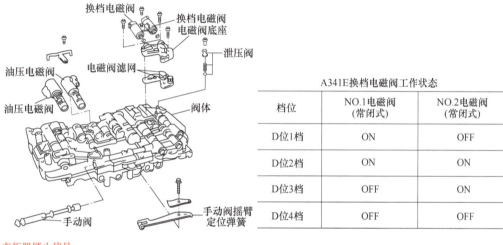

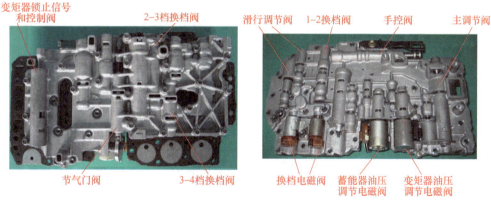

图 3-51　A341E 阀体

根据传感器信号及换档条件，电控单元控制 1 号电磁阀通电（常闭式），2 号电磁阀断电（常闭式），3 号电磁阀断电（常开式），离合器 C_0 和 C_1 工作，变速器进入 1 档。1 号电磁阀通电，卸油口打开，2-3 档换档阀上方油压泄掉，使 2-3 档换档阀把主油压送入 3-4 档换档阀下端，通过 3-4 档换档阀将主油压送入离合器 C_0；2 号电磁阀断电，泄油口关闭，将

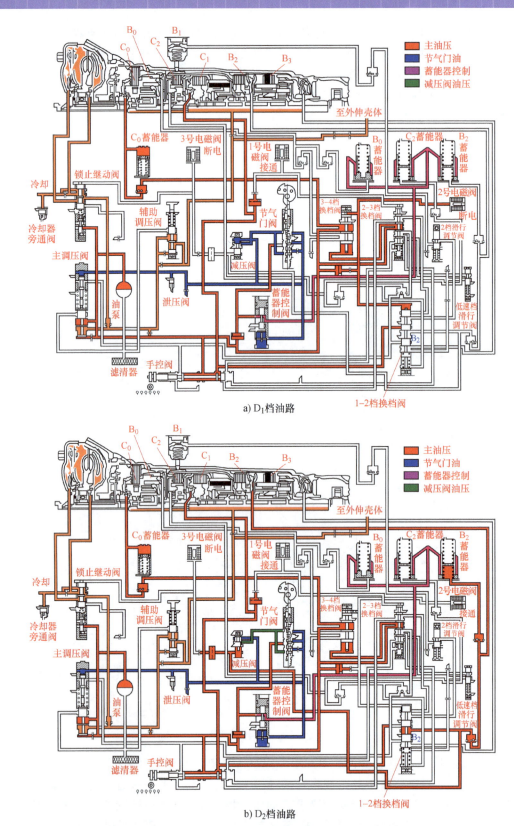

图 3-52 档位油路

1-2 档换档阀压下,切断通往 B_2 的油路。3 号电磁阀断电,卸油口打开,锁止继动阀上方油压卸掉,变矩器锁止离合器不工作。即使 3 号电磁阀通电,也没有电磁阀油压,1 档是不能锁止的。

主要油路:

①油泵→主油压→蓄能器控制阀→蓄能器 B_0、B_2、C_2 背压。

②油泵→主油压→节气门阀→主调压阀上端、蓄能器控制阀下端和减压阀。

③主油压→节流孔→锁止继动阀→锁止离合器→冷却器。

④主油压→2 号电磁阀关闭→1-2 换档阀上端(使去蓄能器 B_2 的油压在此待命)。

⑤主油压→2-3 档换档阀→3-4 档换档阀下端(上推 3-4 档换档阀打开 C_0 油路)。

⑥主油压→3-4 档换档阀→离合器 C_0 和蓄能器。

⑦主油压→变速杆位于 D 位时手控阀进出油道→1-2 档换档阀(待命)、离合器 C_1。

汽车在加速行驶过程中,电控单元接收信号,经程序处理后向电磁阀输出升档指令。此时,2 号电磁阀接通,泄油,1-2 换档阀上部无油压,1-2 换档阀上移,在 1-2 换档阀待命的主油压便被送入制动器 B_2,主油压同时送入蓄能器 B_2,使 B_2 接合时变得柔和。离合器 C_0 和 C_1 油路不变,同 D_1 档。其他档位油路可根据电磁阀工作情况表用同样思路进行分析。

三、密封元件

密封垫和油封用来防止变速器油泄漏。

1. 密封垫

密封垫用来密封两个部件之间的配合面,根据配合面要求选用具备相应压缩率的密封垫。图 3-53a 所示密封垫为硬密封垫,图 3-53b 所示密封垫为软密封垫。

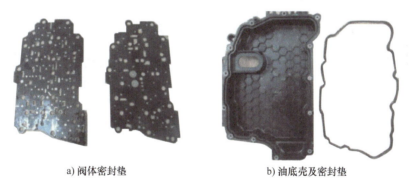

a) 阀体密封垫　　　　　　b) 油底壳及密封垫

图 3-53　密封垫

2. 油封

油封通常有两种类型,即静态油封和动态油封。油封因材质不同分为橡胶油封、金属油封和特氟隆油封。

(1) 橡胶油封　有 3 种较为常见的橡胶油封使用在自动变速器当中,即 O 形油封、四面锯切油封和唇形油封,如图 3-54 和图 3-55 所示,唇形油封的安装有方向性。

(2) 金属油封　金属油封有 3 种类型,即开口型、平接型和锁止型。开口型油封在安装时两端面之间会留有间隙,平接型油封在安装时两端面彼此接触,锁止型油封在安装时两端面互锁以获得更好的密封性能,如图 3-56 所示。

a) O形油封　　　　　　　　b) 四面锯切油封

图 3-54　橡胶油封

（3）特氟隆油封　特氟隆油封的结构和金属油封类似，在变速器内部起到和金属油封一样的作用，甚至安装位置也相同。有些特氟隆油封是带有斜切口的，这样便于安装，且安装以后能很好地贴合，起到很好的密封作用。一些部件的特氟隆油封是固化设计的，必须采用切割的方式才能拆除，如图 3-57 所示。

a) 轴油封　　　　　　　　b) 离合器活塞油封

图 3-55　唇形油封

a) 开口型　　　　　　　　b) 锁止型

图 3-56　金属油封

图 3-57　特氟隆油封

任务实施

【实施过程】

一、准备

准备变速器、维修资料、拆装与测量工具，教师讲解或示范，进行任务实施。

二、车下认识与检修

1. 拆解自动变速器

观察指出油泵类型及驱动工作过程；指出主要滑阀；识读档位油路的主要控制过程；指出检查各部位的密封装置。

2. 检修液压部件

（1）油泵检修　如图 3-58a~d 所示，其中，标准值是针对变速器 A341E 用油泵的。

1）检查从动齿轮与泵体之间的间隙：将塞尺插入从动齿轮与泵体间，标准间隙为 0.07~0.15mm，极限为 0.3mm。若超过极限值，应更换齿轮或泵体。

2）检查主、从动齿轮与月牙板的间隙，标准间隙为 0.11~0.14mm，极限为 0.3mm。

3）检查齿轮端面与泵盖的间隙，标准间隙为 0.02~0.05mm，极限为 0.1mm。

a) 从动齿轮与泵体   b) 从动齿轮与月牙板

 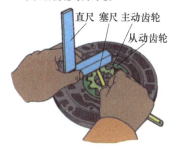

c) 主动齿轮与月牙板   d) 齿轮与泵盖的间隙

图 3-58 内啮合齿轮油泵检修

（2）阀体拆检

1）将阀体从变速器上拆下后放在干净的工作台上，拆下其上的附件：电磁阀、滤清器、手控阀等。

2）拆掉上、下阀体间的连接螺钉，要从外向里、对角操作、分 2~3 次松开，以防阀体变形。注意螺栓的位置与规格。

3）将阀体上部和中间的隔板一同握紧拿稳，同时翻过来使中间隔板向上（此举可避免内部单向钢球跌落），然后拿起隔板进行下一步作业。拆下隔板后，在控制阀体的滑阀拆卸前，应利用油路隔板上的残油，用 1 张稍厚的白纸板复印下油路隔板图，并将油路隔板中所有零件逐一地在图上标明，或用数码相机拍照，以便装复时参考。

阀体拆装

4）将阀体放入干净的煤油中，或用清洗剂清洗，可用小毛刷清理沉积在油道中的油污，不准用棉布擦，以防布丝进入阀孔内，将滑阀卡死，如图 3-59 所示。

5）检查滑阀是否卡滞。在控制阀中除手控阀没有限位装置，可直接拿出外，其余所有滑阀都有限位装置。拆卸限位装置时不要使用磁性工具。在限位装置拆卸过程中，需用手指或旋具抵住滑阀，以防限位装置拆出的瞬间滑阀在弹簧的作用下弹出，如图 3-60 所示。拆下限位装置后，推动滑阀，若滑阀在阀孔中活动自如，便不需分解，重新装上限位装置即可。若滑阀卡滞，则必须分解。拆卸卡滞的滑阀时，不要用硬物捅，控制阀体中所有滑阀都是精加工后选配的偶件，任何一个滑阀出现划伤都必须更换控制阀体总成。

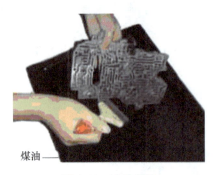

图 3-59 清洗阀体

图 3-60 拆卸滑阀

拆卸卡滞的滑阀时，可用橡胶或铜制的软锤敲击阀体，使卡滞的滑阀被逐渐震出，如图 3-61 所示。注意不要损伤滑阀和阀体。卡滞的滑阀可用砂纸蘸上自动变速器油沿圆弧方向打磨，只能打磨滑阀，不能打磨阀孔。安装时，用自动变速器油涂抹部件，用胶带缠绕旋具，将部件轻轻地推到正确的位置，注意不要划伤阀孔。滑阀完全装配到位后，轻按一下滑阀，若活动自如，没有卡滞，便可装入限位装置。

6) 检查弹簧的自由长度和直径。逐一对照维修手册上的资料，检查阀体内所有弹簧的自由长度和直径是否符合标准，新换的弹簧也需要做这方面的检查，如图 3-62 所示。

图 3-61 震出滑阀

图 3-62 测量弹簧

7) 检查单向球阀的密封性是否正常。将单向球阀放在隔板上其负责密封的孔或位置上，若放上球阀后隔板仍然漏光，则需更换隔板。

8) 检查隔板上密封垫有无破损。密封垫只要有一点破损，就必须更换。注意新、旧密封垫或隔板必须贴在一起，检查所有的孔和油道是否完全一致。

9) 更换控制阀体上的密封圈。大修时，蓄能器活塞上的密封圈、离合器进油口两侧的密封环、施力装置活塞的密封圈、控制阀上的密封圈都必须彻底更换。

10) 检修阀体注意事项。

由于阀体中各个控制阀的加工精度和配合精度都极高，不正确的检修方法往往会损坏控制阀，影响其正常工作。图 3-63 所示为几种常见的错误操作。拆下的滑阀一般放在 W 形槽中，如图 3-64 所示。在分解、装配阀体时，要有详细的技术资料（如阀体的分解图）以作为对照。

(3) 密封元件检修　密封垫主要检查有无变形、损坏等，通常是一次性的；油封检查一是要看有无划伤、变形、损坏、磨损、扭曲等，二是摸油封是否有凸凹不平，是否有毛刺的感觉等。安装新油封时要小心，不要使油封过度伸张，否则有可能导致变形。确保油封正

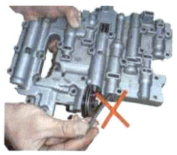
a) 将硬器伸入阀孔内

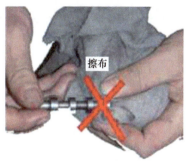
b) 用棉布擦拭

c) 使用密封胶

d) 用磁性材料吸球阀

图 3-63　错误操作

确就位，在密封面涂上少许润滑剂后再安装部件。要使用油封引导器来安装轴油封，将其支撑在油封的内侧，使压力均匀施加在油封的整个肩部。

【实施工单】

1. 信息查询

自动变速器型号：_____，液压控制系统说明、液压部件拆解及油路图维修手册查询路径：_____。

图 3-64　滑阀摆放

2. 车下认识与检修

项目	内容及结果
油泵	类型：_____，驱动方式：_____ 从动齿轮与泵体之间的间隙：_____ □正常 □异常 主、从动齿轮与月牙板间的间隙：_____ □正常 □异常 齿轮端面与泵体的间隙：_____ □正常 □异常
管路压力调节阀	安装集成于：□油泵 □阀体 □其他：_____ 台肩数目：_____，限位装置类型：_____ 弹簧状况：□正常 □异常 阀孔内壁状况：□正常 □划痕；阀芯滑动：□正常 □卡滞
手动阀	台肩数目：_____，阀孔内壁状况：□正常 □划痕 阀芯滑动：□正常 □卡滞 棘轮工作：□正常 □卡滞，弹簧片：□正常 □变形

(续)

项目	内容及结果
球阀	数目：_____，阀座孔漏光：□有 □无
密封垫	安装位置：_____，状况：□正常 □异常：_____
油封	安装位置：_____，状况：□正常 □异常：_____
油路	查询电磁阀工作情况表，分析某一档位油路控制主要过程： _____ _____ _____

【实施评价】

自我收获	自我评价	教师评价
	□满意 □较满意 □不满意	□优秀 □良好 □合格 □不合格

习题与思考

一、判断题

1. 油泵都是由变矩器直接驱动的。　　　　　　　　　　　　　　　　　　　　　　（　）
2. 油泵输出油压必须调整。　　　　　　　　　　　　　　　　　　　　　　　　　（　）
3. 手控阀阀芯由换档拉线控制。　　　　　　　　　　　　　　　　　　　　　　　（　）
4. 漏装球阀可能造成严重换档冲击。　　　　　　　　　　　　　　　　　　　　　（　）
5. O形油封更多使用在旋转部件上。　　　　　　　　　　　　　　　　　　　　　（　）

二、选择题

1. 液压控制系统的作用有（　　）。
   A. 控制自动换档　　　　　　　B. 液力变矩器的油压补偿
   C. 运动部件的润滑　　　　　　D. ATF的冷却
2. 自动变速器常见油泵类型有（　　）。
   A. 齿轮泵　　　　B 转子泵　　　　C 叶片泵　　　　D 电动泵
3. 阀体上包含有（　　）。
   A. 滑阀　　　　　B. 球阀　　　　　C. 弹簧　　　　　D. 油道
4. 自动变速器常用的橡胶油封有（　　）。
   A. O形油封　　　B. 四面锯切油封　C. 唇形油封　　　D. 特氟隆油封
5. 检修阀板属于错误操作的有（　　）。
   A. 将硬器伸入阀孔内　B. 用棉布擦拭　C. 使用密封胶　D. 用磁性材料吸球阀

三、思考简答题

1. 简述液压控制系统的基本工作过程。
2. 如何进行档位油路分析？

项目3　液力自动变速器检修

任务5　电子控制系统检修

 任务引入

随着自动变速器控制项目的增多和精度的提高，电子控制广泛应用于液力自动变速器，更多控制由电子控制系统完成。本任务介绍电子控制系统的工作原理及检修方法，进行本任务的学习需要先了解软件程序控制的概念。

 任务目标

1. 掌握电子控制系统的组成，理解其工作过程。
2. 能结合维修资料，拆装、识别电子控制系统的组成部件。
3. 能结合维修资料，正确拆解电子控制系统组成部件并检查其技术状况。
4. 能初步诊断、处理电子控制系统的故障。
5. 培养学生主动交流及学习的能力和工匠精神。

 知识链接

电子控制系统由传感器、变速器电控单元（ECU，或叫控制模块TCM/控制单元TCU）和执行器组成，如图3-65所示。以电控单元为控制核心，电控单元接收传感器和开关的信息，根据电控单元中设定的控制策略控制电磁阀动作，调节液压系统，实现自动变速器的换档正时控制（正确的时刻）、锁止正时控制、自诊断及失效保护等。不同车型的控制程序、传感器、控制开关、执行器的数量和精度不同，但基本控制原理是相同的。

电控元件认识

一、传感器

自动变速器工作所需的传感器及开关信号，根据采集来源不同可分为两类：其他系统传感器及开关信号和变速器自身相关信号。自动变速器本身的传感器和开关直接对变速器的工况进行监测。本身传感元件的类型和数量会因变速器的不同而有所差异，通常包括：自动变速器油温度传感器、输入轴转速传感器、输出轴转速传感器、档位开关；通过数据总线接收其他系统共享的信号有节气门位置信号、发动机转速信号、制动踏板开关信号等。

1. 节气门位置传感器（TPS）

节气门位置传感器安装在节气门体上，它是一个可变电阻（电位计），将节气门的开度及开度变化速度传递给发动机ECU。变速器ECU从发动机ECU处获得节气门位置信号，获得方式通常有通过专线和数据总线两种。变速器ECU利用节气门位置信号进行以下控制：

（1）用来确定换档时刻和换档曲线　一般情况下，当急踩加速踏板时，换档延迟，以确保发动机动力性良好；缓踩加速踏板时，换档提前，发动机工作在转速较低的状态，以提高汽车的经济性。

（2）调节主油路压力　节气门开度的大小对应着发动机负荷的大小，在节气门开度较小时，发动机负荷较小，变速器传递的转矩较小，各离合器和制动器不易打滑，主油路压力

117

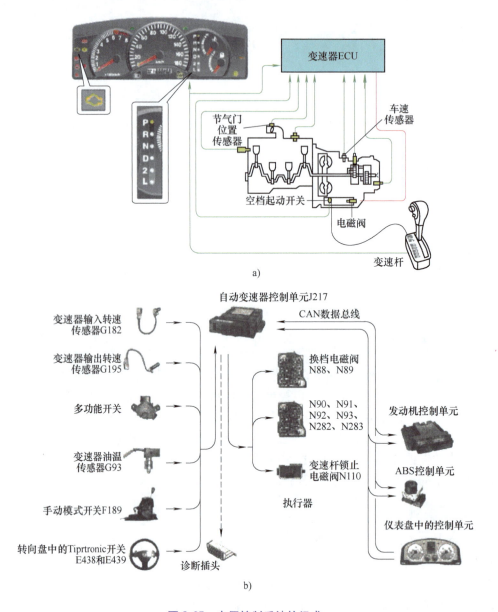

图 3-65 电子控制系统的组成

降低；当节气门开度较大时，传递的转矩较大，为防止离合器和制动器打滑，主油路压力升高。

2. 输入轴转速传感器（ISS）

输入轴转速传感器也称涡轮轴转速传感器（ISS），它用于检测自动变速器输入轴（即涡轮轴）的转速。它固定在变速器壳体上，与输入轴上的信号触发轮靠近、对应，以感应输入轴转速，如图 3-66a 所示。输入轴上的信号触发轮可以是与输入轴相连的离合器鼓，也可以是与输入轴相连的驱动链轮等。输入轴转速传感器的作用如下：

1）变速器 ECU 利用输入轴转速传感器信号和输出轴转速传感器信号计算自动变速器的传动比。

2）变速器 ECU 利用输入轴转速传感器信号和发动机转速信号计算变矩器锁止离合器的打滑情况。

3）变速器 ECU 利用输入轴转速传感器信号和车速传感器信号计算换档时刻，进行换档时的油压调节和推迟点火，以减轻换档冲击。

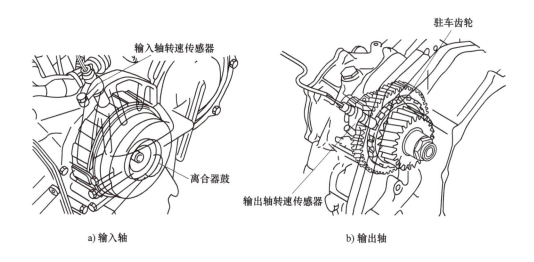

图 3-66 转速传感器

3. 输出轴转速传感器（OSS）

输出轴转速传感器用于检测自动变速器输出轴的转速，它固定在变速器壳体上，与输出轴上的信号触发轮靠近、对应，以感应输出轴转速，如图 3-66b 所示。输出轴转速传感器信号的作用如下：

1）变速器 ECU 利用输出轴转速传感器信号和节气门电位计信号确定换档时机。

2）变速器 ECU 利用输出轴转速传感器信号和输入轴转速信号计算自动变速器的传动比。

3）对于装有自动定速巡航装置的车辆，输出轴转速传感器可用于速度调节。

4）变速器 ECU 利用输出轴转速传感器信号进行主油压调节。

车速是汽车各电控系统工作的关键信号，通常由车轮转速传感器测量后计算得出，汽车正常行驶时，车速与输出轴转速有一定的换算关系。

早期自动变速器的输入、输出轴及车轮转速传感器多采用电磁式，现代车辆大多数采用霍尔式转速传感器。霍尔式转速传感器由 ECU 提供 5V 或其他值参考电压，随着信号触发轮的旋转，传感器会产生一个脉冲，如图 3-67 所示。其中，两线制转速传感器的应用越来越多。

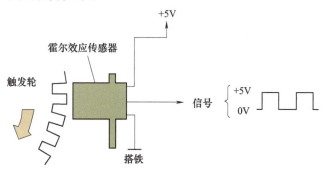

图 3-67 霍尔式转速传感器

4. 变速器油温传感器（TFT）

变速器油温传感器的作用是监控自动变速器油液的温度，将其温度转变为电信号传送给变速器ECU。该信号作为变速器ECU进行换档控制、油压控制、变矩器锁止离合器控制的依据。当变速器ECU检测到油温高于一定值时，说明自动变速器负荷过大或散热不良或油液过少，为防止自动变速器内部元件损坏，变速器ECU会采取一定的措施，如控制变矩器锁止离合器提前接合，防止自动变速器升入高档等。

变速器油温传感器是一个负温度系数（NTC）热敏电阻，当油液温度低时，其阻值高；当油液温度高时，其阻值低。也有一些车型的变速器油温传感器为正温度系数（PTC）热敏电阻。变速器油温传感器一般安装在阀体上或集成在变速器内部线束上，浸在变速器油中。

有些自动变速器装用了油压传感器。油压传感器将主油路压力转变为电信号传给变速器ECU，变速器ECU收到此信号后，通过控制压力调节电磁阀校正主油路压力。

5. 空档起动开关

空档起动开关也称为P/N开关或档位开关、多功能开关，安装在换档转轴止动杆总成上，由变速杆拉线控制，与手控阀操纵棘轮连动，如图3-68所示，位于变速器壳体内部或外部。工作时，变速杆、空档起动开关和手控阀及驻车锁止杆同步移动，位置保持一致。

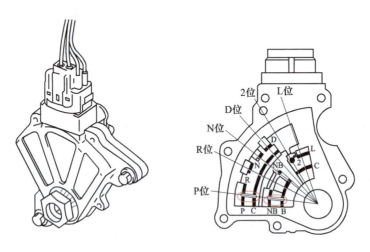

档位	内部金属触点导通情况							
	B	NB	C	P	R	N	D	2	L
P	○—○		○—○					
R			○—○		○			
N	○—○		○——○					
D			○				○	
2			○					○
L			○						○

图3-68 空档起动开关

空档起动开关内部有两种形式：触点式和逻辑编码式。传统的大部分自动变速器使用的都是触点式，内部转动臂控制触点的接通，对应插接器端子的导通情况反映变速杆的位置。该信息主要用于：允许 P 位及 N 位起动发动机；使仪表档位指示灯亮起；根据被接通的触点感知当前变速杆的位置，从而按照不同的控制程序来控制自动变速器的工作。新款自动变速器大多采用逻辑编码式档位开关，变速器 ECU 会根据其内部电子元件高低电位的逻辑组合来识别变速杆位置信息，其他控制单元可以使用 CAN 总线得到当前的变速杆位置信息。因此说，档位开关不但是一个允许在 P/N 位起动发动机、档位指示的开关，同时也是一个档位传感器。

6. 制动踏板位置传感器

制动踏板位置传感器安装于制动踏板处，一般是电位计型位置传感器。变速器 ECU 根据其信号可以控制变矩器锁止离合器分离、变速杆锁止机构解锁等。

7. 发动机转速传感器

发动机转速传感器用来收集发动机转速信号，变速器 ECU 利用该信号和自动变速器输入轴转速信号判断变矩器锁止离合器（TCC）的打滑状态，从而调整变矩器锁止离合器控制电磁阀的调制脉冲。

8. 冷却液温度传感器

冷却液温度传感器用于检测发动机的工作温度并将温度转变为电信号传送给发动机 ECU。冷却液温度传感器的作用如下：

1）确定换档曲线。当发动机温度较低时，换档延迟，使发动机高速运转，以便尽快暖机升温，保证动力性。

2）控制变矩器锁止离合器的接合。一般情况下，在发动机温度低于某值（视车型而定，一般为 60~70℃）时，变矩器锁止离合器不接合，以免发动机熄火或工作不良。

二、电控单元

电控单元是实现自动变速器功能的核心，包含硬件和软件。硬件由处理器、信号处理电路、驱动电路及存储器等组成，处理器根据传感器信号按照存储器内的软件程序进行计算，做出换档、变矩器锁止等指令，再由驱动电路输送给执行器（电磁阀）完成。自动变速器电控单元的控制项目及策略属于商业核心，不同公司不尽相同，但通常包含以下控制功能：

1. 换档时刻（正时）控制

换档控制即控制自动变速器的换档时刻，它是自动变速器最基本的控制功能，对汽车的动力性和燃料经济性影响较大。电控单元接收节气门位置传感器和车速传感器这两个重要信号，结合驾驶模式、空档起动开关和冷却液温度等信号，依据储存的换档规律，在车辆满足换档条件时，对换档电磁阀发出换档命令，电磁阀改变作用在离合器和制动器上的油压，实现自动变速器升档或降档。其换档控制原理如图 3-69a 所示。自动变速器维修手册一般都给出不同模式下的换档曲线图或表格，即该自动变速器在不同模式和行驶状况下的换档点。换档点是在一定的节气门开度下自动变速器升档、降档的车速范围，这是进行自动变速器路试，判断自动变速器升档、降档控制是否正常的依据。如图 3-69b 所示，从 1 档换入 2 档时，节气门开度越大，换入 2 档的车速越高，而降档时的车速比升档时的车速要低，避免升、降档在同一速度点交替出现，这就是换档规律的特征。其他相邻档位同样遵守上述规律。

（1）不同模式下的换档控制　带有模式开关的电控自动变速器在模式开关处于不同位置时，对汽车的使用要求不同，其换档规律也不同，通常有普通模式、经济模式和动力模式之分。当变速杆在 D 位、节气门开度相同时，动力模式的各档升降档车速比普通模式的各档升降档车速高。升档车速越高，加速动力性越好；反之，升档车速越低，则燃油经济性就越好，如图 3-69b、c 所示。

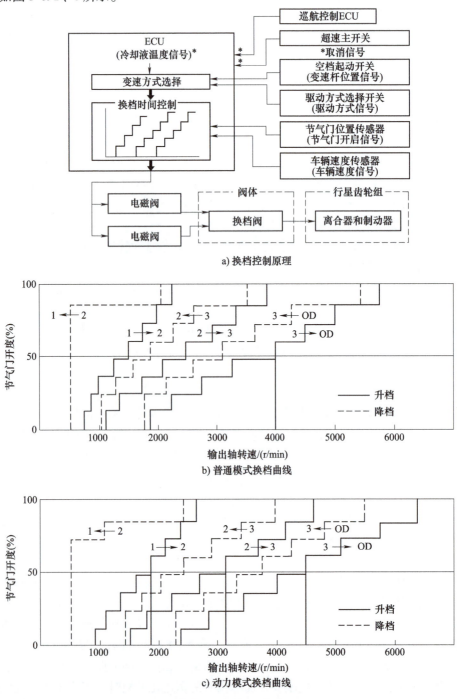

图 3-69　换档正时控制

（2）模糊逻辑控制和动态换档程序　目前一些新款自动变速器取消了换档模式开关，采用计算机模糊逻辑控制技术或动态换档程序 DSP，变速器 ECU 根据以下因素确定最佳换档时刻。

1）行驶阻力，如上坡、下坡、风向造成的不同空气阻力等。

2）行车状况，如车速、节气门位置、发动机转速、变速器油温等。

3）驾驶习惯。驾驶人踩下加速踏板，就产生了一个运动系数（如踩加速踏板的速度及加速度），模糊逻辑系统识别出该系数，识别驾驶类型，适配出最佳的换档规律，从而按驾驶人的意愿确定最佳换档时刻。这是模糊逻辑控制的关键。变速杆位于 D 位时，若变速器 ECU 检测到加速踏板踩下的速度及加速度较小，则会自动选择经济模式，将换档点提前；若 ECU 检测到驾驶人迅速踩下加速踏板，则自动推迟换档点，相当于自动进入动力模式。换档点的推迟量由节气门开度大小及开度变化率决定，这可以理解为在经济和动力模式之间存在许多随意的换档时刻，经济模式和动力模式两条换档曲线被无数条曲线代替，因而对不同的行驶情况和驾驶人反应更灵敏。

（3）重叠换档控制　某些电控自动变速器内部没有单向离合器，在换档时，如果需要放松的换档执行元件放松过早或待接合的换档执行元件接合过晚，会造成换档时有空档间隙；如果需要放松的换档执行元件放松过晚或待接合的执行元件接合过早，会使换档执行元件过度磨损。显然，这种换档方式增加了换档控制的难度，要求需要放松的换档执行元件和待接合的换档执行元件的工作有一定的重叠，同时通过调整发动机转矩来使换档更加平顺。

（4）坡度逻辑控制　变速器 ECU 根据信号进行计算，与存储在存储器中的数据进行比较，选择合适的换档模式，如常规模式（即平路模式）、上坡模式（采用模糊逻辑控制方式）、下坡模式（分为缓坡下坡模式和陡坡下坡模式）、减速模式，从而控制车辆在上坡、下坡或减速时的换档，避免频繁自动换档，保证稳定行驶。

2. 锁止离合器控制

控制锁止离合器的锁止与分离是自动变速器控制系统的一项重要控制内容。变速器电控单元按照设定的控制程序，通过锁止控制电磁阀来控制锁止离合器的接合或分离。自动变速器在各种工作条件下的最佳锁止离合器控制程序被事先储存在变速器电控单元的存储器内，变速器电控单元根据自动变速器的档位、选取的控制模式等工作条件从存储器内选择出相应的锁止控制程序，再将车速、节气门开度与锁止控制程序进行比较。当满足锁止条件时，变速器电控单元即向锁止电磁阀发出电信号，使锁止离合器接合，液力变矩器按机械传动工况工作。不同型号自动变速器的变矩器锁止离合器的接合条件不同。在以下几种情况需强制解除锁止：当汽车采取制动或节气门全闭时，为防止发动机失速，变速器电控单元切断通向锁止电磁阀的电路强行解除锁止；在自动变速器升降档过程中，变速器电控单元暂时解除锁止，以减小换档冲击；如果发动机冷却液的温度低于一定值，锁止离合器应处于分离状态，这样可以加速预热，提高总体驾驶性能。

3. 油压控制

主油路油压是由主油路调压阀来调节的。主油路油压与节气门开度的关系通过节气门油压体现。变速器 ECU 通过压力控制电磁阀控制主油压，以适应不同驾驶状态的需要，使换档操作平稳。油压电磁阀是一种脉冲线性式电磁阀，电控单元根据节气门位置传感器测得的节气门开度，计算并控制送往油压电磁阀的脉冲信号的占空比，以改变油压电磁阀排油孔的开度，产生随节气门开度变化的油压（即节气门油压）。这一节气门油压被反馈到主油路调压阀，作为主油路调压阀的控制压力，使主油路调压阀随着节气门开度的变化改变所调节的主油路油压的大小，以获得不同的发动机负荷下主油路油压的最佳值，并将驱动油泵的动力损失减少到最小。此外，电控单元能根据档位开关的信号，在变速杆处于倒档位置时提高节气门油压，使倒档时的主油路油压升高，以满足倒档时对主油路油压的需要。

4. 换档品质的控制

随着电控单元性能的不断提高，自动变速器控制系统的控制范围越来越广泛，控制功能越来越多，可以采用多种方法来控制自动变速器的换档过程，以改善换档品质，提高汽车的乘坐舒适性。目前常见的改善换档品质的控制措施有以下几种：

（1）换档油压控制　在升档或降档的瞬间，电控单元通过控制主油路油压来减小换档冲击，改善换档品质。也有一些控制系统在换档时减小离合器活塞的背压，以减缓离合器或制动器液压缸内油压的增长速度，达到减小换档冲击的目的。

（2）降低发动机输出转矩控制　在换档时，可通过延迟发动机点火时间、减少喷油量等措施暂时降低发动机的输出转矩，以减小换档冲击和输出轴的转矩波动。

（3）N→D 和 N→R 换档控制　这种控制是变速杆在空档与前进档或倒档位置转换时，通过调整发动机喷油量，将发动机的转速变化减至最低程度，以改善换档品质。

5. 自诊断与失效保护功能

电控单元 ECU 在工作的同时不断地检测各传感器、执行元件和 ECU 的本身。当检测到故障时，ECU 自动做出判断，并使仪表板的故障指示灯亮起，同时把故障的原因以代码形式记录在存储器中，以便检修时读取。

失效保护功能可在传感器或电磁阀出现故障时，仍可以使汽车继续行驶。例如，有些车型装用多个速度传感器，控制换档的主车速传感器有故障时，自动启用备用的信号，或以一个固定的车速信号保障汽车仍可以行驶，进入失效保护状态。但进入失效保护状态的汽车，其运行状况会出现不正常现象，如抖动、游车、尾气超标或 D 位只有 1 个档等现象出现，同时故障灯亮起，提示驾驶人检修故障。

三、执行器

自动变速器中的执行器主要电磁阀，电控单元的功能通过电磁阀来实现。电磁阀是将电信号转变为油压信号的桥梁，电磁阀可改变油液的压力大小和流向，从而控制液压执行装置实现档位切换和锁止离合器的接合与分离等。电磁阀分类情况：

1）按作用不同，电磁阀分为换档电磁阀、锁止电磁阀、油压电磁阀等。
2）按工作方式不同，电磁阀分为开关式电磁阀和脉宽调制式电磁阀。
3）按照电磁阀上油道导通情况，电磁阀分为二通式和三通式等。

1. 开关式电磁阀

开关式电磁阀主要由电磁线圈、弹簧、衔铁和球阀等组成。电控单元通过通电或断电来控制电磁阀的工作状态，有两种不同的控制形式：常开和常闭。

控制一条油路保持油压或排空的两通道开关式电磁阀，如图 3-70 所示。在断电情况下，电磁阀控制的泄油口打开，电磁阀油压为 0；通电后电磁阀泄油口关闭，电磁阀建立油压，这种电磁阀称为常开式电磁阀。相反，在断电的情况下，电磁阀控制的泄油口关闭，电磁阀建立油压，通电后泄油口打开，电磁阀油压为0，这种电磁阀称为常闭式电磁阀。开关式电磁阀常作为换档电磁阀使用，常闭式电磁阀的应用较多。

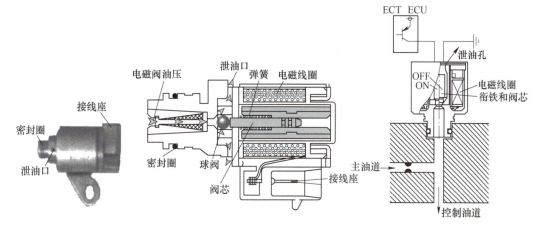

图 3-70　两通道开关式电磁阀

用于控制油路流向的三通道开关式电磁阀有常闭式和常开式之分（输入油路与输出油路间的）。如图 3-71 所示，常闭换档电磁阀用于控制离合器选择阀，当换档电磁阀断电后，电磁阀输入油路被阻断，输出油路与泄放油路连通；当换档电磁阀通电后，电磁阀泄放油路被阻断，输入油路与输出油路连通，油压作用于离合器选择阀使其移动到工作位置。

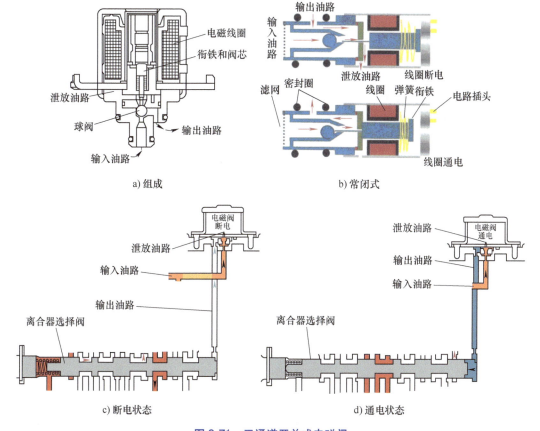

图 3-71　三通道开关式电磁阀

2. 脉冲式电磁阀

脉冲控制线性电磁阀是电控单元通过调制不同的脉宽 PMW（用占空比来衡量脉宽，占空比指一个脉冲信号周期中导通时间所占比值）来控制电磁阀中的平均电流大小，变化的电流会引起线圈磁场强度的改变，从而导致衔铁的位置发生改变，衔铁的位置决定了球阀或滑阀的位置（不同于开关式电磁阀只有完全开和完全关两种状态位置），达到控制油压的目的，如图 3-72 所示。脉冲式电磁阀主要由线圈、弹簧、衔铁、滑阀、阀套等组成。结构上分为普通脉冲式和带滑阀的脉冲式；工作特性分为常高式（电磁阀油压或输出油路压力随电流的增大而变小）和常低式（电磁阀油压或输出油路压力随电流的增大而变大）。

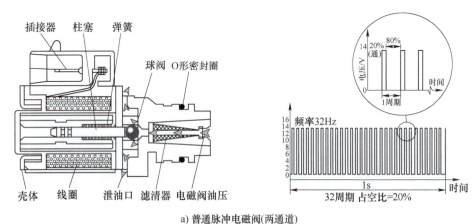

图 3-72 脉冲式电磁阀

主油压调节电磁阀、锁止离合器电磁阀、离合器压力控制电磁阀一般采用脉冲式电磁阀。对应档位的控制电磁阀采用常高（N.H）型还是常低（N.L）型，能够决定变速器电气故障保护的默认档位。

四、换档操纵机构

1. 换档锁止系统

自动变速器换档锁止控制系统是一个安全装置，防止变速杆意外置于驻车档（P 位）。如图 3-73a 所示，它包括锁止电磁阀、控制单元及机械部件等，换档锁止电磁阀通常关闭。踩下制动踏板且未踩下加速踏板时，控制单元指令换档锁止电磁阀打开，换档锁止电磁阀中的柱塞拉动机械部件，按下变速杆锁止按钮可使变速杆移到其他位置。同时踩下制动踏板和加速踏板时，控制单元指令换档锁止电磁阀断电并锁止换档锁止系统。

当由于机械或电气故障无法操作换档锁止系统时，有的车系采用了应急解锁方式，图 3-73b 中通过将机械钥匙插入换档锁止释放孔，压下换档锁止释放装置，内部的换档锁止挡块松开锁销，按下变速杆锁止按钮，变速杆可以移到其他档位。

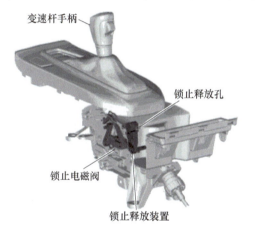

a) 组成　　　　　　　　　　　　b) 机械解锁

图 3-73 变速杆锁止控制

2. 电子换档系统

电子换档即线控换档，是一种不需要任何机械结构，仅通过电控来实现操纵档位意图的换档方式。电子换档系统为智能（网联）汽车实现速度控制提供了良好的硬件基础。

如图 3-74 所示，电子换档系统主要由电子换档器总成、执行器控制单元、换档执行器总成组成。变速器内部的机械和电气构造并没有发生大的变化，通常是增加了传感器和电磁阀，取消了手控阀和档位开关。其中，电子换档器总成集成了电子换档器、解锁按键、档位显示模块，功能为识别驾驶人操作动作，通过传感器将操作意图转化成电信号，向整车总线发出驾驶人动作指令信号；执行器控制单元的功能为接收到驾驶人操作指令信号后，综合整车环境状态对驾驶人操作的合理性进行判断，生成目标档位后控制执行器电动机或电液切换档位；换档执行器由换档电动机或电磁阀、减速机构、位置传感器组成，功能为执行换档命令，完成档位 P/R/N/D 间的切换以及 P 位对变速器输出轴的锁止。电子换档系统的换档行为是一个较为复杂的信号转化、传递、执行、反馈的闭环动作，整个换档过程各控制器间存在较多的信号交互，在换档信息流传递过程中，每一个环节的失效或故障都可能影响整个换档系统的功能实现。通常有一个机械解锁操纵机构，供在电子解锁 P 位驻车失效时应急用。

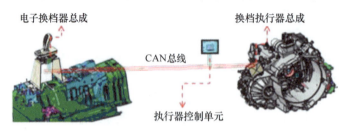

图 3-74　电子换档系统

 任务实施

【实施过程】

一、准备

准备车辆设备、维修资料、拆装与测量工具，教师讲解或示范，进行任务实施。

二、车上认识与检修

1）查阅电子控制系统说明及电路图，识别自动变速器电控系统元件的位置及作用，用万用表检查各电路导通及信号情况。

2）检查变速杆 P 位锁止情况和变速杆总成上的电路情况，拆装变速杆总成。

3）查阅线控换档系统说明及电路图，用万用表检查线路导通及信号情况。

4）用诊断仪进行下列检查。

① 读取故障码。自动变速器在运行的过程中，如果电控系统元件本身出现故障，会在车辆的相关控制单元中存储诊断故障码（DTC）。DTC 以字母和数字的组合形式储存，它提供了故障诊断线索，锁定了故障范围。连接故障诊断仪，根据其屏幕上的菜单提示进行操作，读取 DTC。相关故障码的测试指导步骤通常可以在维修手册中找到。

② 数据流分析。通过故障诊断仪可以从变速器控制单元获取相关传感器和执行器的数据，这些数据对故障的诊断很有帮助。必要时模拟类似的工况使故障再现，然后通过故障诊断仪读取 DTC 冻结数据或者故障出现时的实时数据，对其进行分析以帮助进一步判断故障原因。

③ 控制功能测试。电磁阀作为控制系统的执行元件，出现故障后除了按照 DTC 诊断流程进行诊断以外，也可以使用诊断仪执行电磁阀性能测试，人为控制电磁阀的工作状态，以判断其是否可以正常工作。

④ 匹配和自适应。自动变速器的"匹配"和"自适应"在维修中具有重要作用，"匹配"和"自适应"就是为了补偿与修正制造上的公差以及因使用而带来的变化。可以把"匹配"理解为计算机的"格式化"或"程序激活"或"清除原始记忆值"。"自适应"是当外界因素变化时它能自动修正自己的控制特性，以适应控制对象和扰动因素的动态特性变化。例如在维修自动变速器时调整了一些部件的工作间隙（如更换新的摩擦片）、更换了一些密封件等，电控单元必须能够适应新的信息并改变控制程序。维修后的故障都与"匹配"和"自适应"有关，可参照维修资料的规定步骤用诊

断仪或路试进行处理。

三、车下认识与检修

1）拆解自动变速器，查找壳体上及内部的传感器，说明它们的作用、类型及信号产生和传输过程，判断能否用万用表测量检查。

2）查找电磁阀，说明它们的作用及类型，拆装并进行以下检查，如图3-75所示。

① 用万用表测量电磁阀插头和壳体间及端子间的电阻，若电阻过大或过小说明电磁阀内部电路断路或搭铁，应更换。

② 将蓄电池正、负极间断接触电磁阀插头和壳体或两端子间，应能听到电磁阀工作声或看到阀芯移动。注意通电时间和电流大小，可串联电阻或试灯进行测试，以免烧断电磁阀中的线圈。

③ 判断开关电磁阀的类型，用压缩空气枪向电磁阀端口吹压缩空气，检查其密封性。

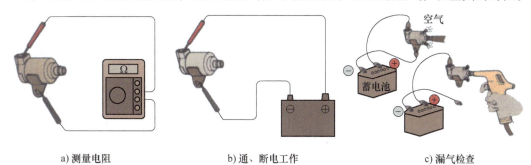

a）测量电阻　　　　b）通、断电工作　　　　c）漏气检查

图 3-75　电磁阀检查

【实施工单】

1. 信息查询

自动变速器型号_____，电控系统说明及电路图维修手册查询路径：_____，可知控制策略或项目有_____，控制系统组成元件有_____；换档锁止系统说明及电路图维修手册查询路径：_____；线控换档系统说明及电路图维修手册查询路径：_____。

2. 车上认识与检修

项目	内容及结果
电控元件	壳体外电控元件位置：_____ TCM 网络通信线端子号：_____，电路导通：□正常 □异常 TCM 供电熔丝容量：_____，□通 □断
故障码	故障码：_____，故障指示灯符号：_____ 故障码的测试步骤维修手册查询路径：_____
数据流	输入轴转速：_____，输出轴转速：_____，油温：_____，档位开关：_____，其他：_____
主动测试	电磁阀名称：_____，结果：□正常 □异常

(续)

项目	内容及结果
变速杆锁止电磁阀	受_____电控单元控制,锁止电磁阀阻值_____ 电路导通:□正常 □异常 机械释放方式:_____
线控换档操纵机构	所含电控元件:_____ 电路导通情况:_____

3. 车下认识与检修

项目	内容及结果
电控元件	壳体上电控元件有_____ _____ 变速器内部电控元件有_____ _____
输入轴转速传感器	数目:____,类型:_____,插接器端子数:_____ 信号测量方法:_____ 信号轮:□正常 □缺齿 □油污 □其他表现:_____
输出轴转速传感器	数目:____,类型:_____,插接器端子数:_____ 信号测量方法:_____ 信号轮:□正常 □缺齿 □油污 □其他表现:_____
油温传感器	类型:____,电阻值:____,□正常 □异常
档位开关	导通逻辑工作表 内部导通情况:_____
电磁阀	数目:____,作用名称:_____ _____ 控制类型:_____ 某一电磁阀阻值为____,电磁阀各端子与壳体的通断:□正常□异常,阀芯活动:□正常□卡滞,密封性:□正常□漏气

【实施评价】

自我收获	自我评价	教师评价
	□满意 □较满意 □不满意	□优秀 □良好 □合格 □不合格

习题与思考

一、判断题

1. 所有车辆自动变速器电控系统组成和功能都完全一样。（ ）
2. 自动变速器电控系统工作信号完全来自自动变速器自身。（ ）
3. 霍尔式转速传感器输出数字信号。（ ）
4. 电控单元（TCM）发出指令给电磁阀，使其参与液压控制系统工作。（ ）
5. 可对传感器进行控制功能主动测试。（ ）

二、选择题

1. 制动踏板位置传感器可用于控制（   ）。
   A. 变矩器锁止离合器分离　　　　B. 变速杆锁止机构解锁
   C. 主油路油压　　　　　　　　　D. 换档正时
2. 档位开关由（   ）控制。
   A. 变速杆　　B. 变速杆锁止机构　　C. 油压　　D. 电控单元
3. 属于 TCM 控制的项目有（   ）。
   A. 换档正时　　　　　　　　　　B. 主油路油压
   C. 锁止离合器锁止　　　　　　　D. 换档品质
4. 电磁阀主要由（   ）组成。
   A. 电磁线圈　　B. 弹簧　　C. 衔铁　　D. 阀门
5. 诊断仪可对电控系统（   ）。
   A. 读取故障码　　B. 读取数据流　　C. 控制功能测试　　D. 匹配

三、思考简答题

1. 简述自动变速器电控系统工作过程。
2. 维修后，为何要对自动变速器电控系统进行匹配和自学习？

任务6　自动变速器检测

任务引入

液力自动变速器工作性能下降时，按一定的原则和步骤进行检测、查找原因，有助于提高效率和减少不必要的损伤。本任务介绍自动变速器的检查和试验方法，进行本任务的学习需要先掌握前面项目的内容以及较强的安全意识和措施。

任务目标

1. 掌握 ATF 基本知识及冷却装置的组成。
2. 能了解故障诊断与维修的基本思路。
3. 能结合维修资料，正确地对自动变速器进行基本检查。
4. 能结合维修资料，理解并进行自动变速器常见试验。
5. 培养学生主动交流及学习的能力和工匠精神。

知识链接

一、自动变速器油及冷却系统

1. 自动变速器油

自动变速器油（ATF）用于自动变速器，有较高的黏温性、氧化稳定性、抗磨性、剪切稳定性，良好的抗泡沫性、防锈性及摩擦特性等。

根据各种 ATF 的使用情况可把 ATF 大体分为两种：通用型和专用型。两种类型的 ATF 的主要区别是各种添加剂的比例不同，一般情况下通用型 ATF 的颜色是红色，而大多数专用型 ATF 的颜色是黄色，也有红色的。

由于无级变速器的传动方式与自动变速器有很大不同，因此其必须使用原厂的 CVT 专用油。近年 DSG 变速器的发展势头强劲，DSG 变速器的传动方式与 AT、CVT 有很大不同，不能用普通 ATF 代替 DSG 油。

2. 冷却系统

冷却系统是控制 ATF 温度的，该系统工作是否正常直接影响自动变速器的正常工作，当该系统出现故障时会对自动变速器本身产生严重损害，温度过高会使 ATF 黏性下降，产生油泥积炭，堵塞细小量孔，卡滞阀门，降低润滑效果，破坏密封部件等，严重时会导致变速器整体报废。

目前大部分车型的自动变速器都是靠空气流和发动机冷却液来为自动变速器冷却的，如图 3-76a、b 所示。风冷式冷却器一般安装在散热器附近或空气流通良好的地方。风冷式冷却器一般作为辅助冷却器，一般与水冷式冷却器配合使用，高温的 ATF 流经两个冷却器冷却后返回自动变速器。水冷式冷却器的结构可分为两种：最为常见的一种是自动变速器冷却器与发动机冷却器集成在一起，流动介质是 ATF；另一种是自动变速器独立式冷却器，流动的是冷却液，如图 3-76c、d 所示。

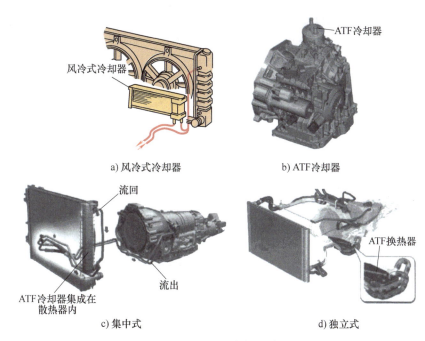

图 3-76　ATF 冷却系统

二、故障诊断与维修

自动变速器在维修之前需要做基本检查和性能测试。基本检查和性能测试可确认变速器故障范围，为进一步修理提供重要依据，这将在一定程度上避免变速器被误修。对于自动变速器来说，分解的次数越多，内部部件损坏的概率就越高，并且变速器内部结构精密，各部件配合要求高，分解的次数越多，出错的概率越高，因此应尽量避免分解变速器或尽量避免重复、多次的盲目分解。此外，检修后的检查和性能测试是为了鉴定修理质量，检验自动变速器的各项性能指标是否达到标准要求。

1. 原则

（1）阅读维修资料　在进行检测与诊断前，应先阅读有关的维修资料，掌握必要的结构原理图、油路图、电路图等，这样在修理过程中才能少走弯路。

（2）分清故障产生的部位　首先应分清故障是由发动机控制系统还是自动变速器控制系统造成的，其次要判断故障是由电子控制系统引起的还是由机械控制系统引起的。

（3）先易后难、逐步深入　按故障的难易程度，先从最简单、最容易检查的部位入手，如自动变速器油油质、油面状况和各种开关的检查等；从最易于接近的部位入手，从易被忽视的部位和影响较大的因素开始；检查逐渐深入，直到发现故障为止。

（4）区分故障的性质　应区分自动变速器的故障是机械部分引起的，还是由电气部分引起的；是液压控制系统引起的，还是电子控制系统引起的；是只需维护就可排除的，还是需要拆卸自动变速器才能彻底排除的。

（5）利用自动变速器的各项检验　充分利用自动变速器各种检验项目，一般通过这些检验项目的检测就可以发现自动变速器的故障所在。

（6）充分利用故障自诊断功能　通过读取故障码，可为自动变速器控制系统的检修和故障诊断提供依据。不要盲目地相信故障码，它只是为修理人员提供一个大致的故障范围。

（7）不可轻易分解 通过拆检确定故障应是故障诊断的最后方法，因为电控自动变速器一般是不允许轻易分解的。

2. 一般步骤

1）做基本检查，例如要检查是否有油位及油质问题、联动机构及发动机本身故障、自动变速器漏油等引起的自动变速器故障。

2）区分故障是电子控制系统引起的，还是由机械操纵系统和液压控制系统引起的，可以通过手动换档来鉴别。

3）通过机械试验（即油压试验、失速试验、时间滞后试验、变矩器试验、道路试验等）区分机械操纵系统和液压控制系统故障。

4）对不同系统的故障采用不同的诊断方法，以确定故障的具体部位。

根据上述故障诊断步骤，可总结出电控自动变速器的具体故障诊断的流程，如图 3-77 所示。进行具体故障排除时可根据此图逐项进行检查和确认。

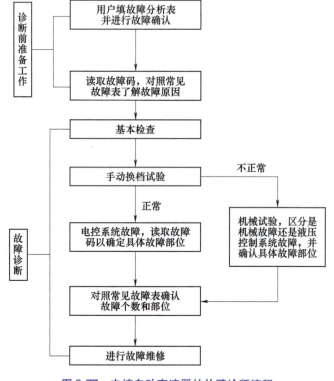

图 3-77 电控自动变速器的故障诊断流程

三、基本检查

自动变速器的油位不当、油质不佳、联动机构调节不当，以及发动机怠速调整不当等是引起自动变速器产生故障的最常见原因。通常把对这些部件的检查与重新调整称为自动变速器的基本检查。无论变速器出现的是什么样的故障，基本检查是必需的，而且是首先进行的。

1. 油位检查

延长自动变速器使用寿命的关键是经常检查油位、油液的温度和质量。油位应适中，油液应该周期性地更换，才能维持自动变速器正常工作。

自动变速器油液的油量应该满足把液力变矩器及换档执行元件各操纵油缸都充满之后，在自动变速器油底壳里的油位低于行星齿轮机构等自动变速器中的旋转件的最低位，但油位必须高于阀体在变速器壳体安装的接合面。

若油位低将使油泵进油口进空气，导致油压降低和系统润滑不良，加速性能变坏。若液位过高，会使空气进入而形成泡沫，油液易过热氧化而形成胶质，影响变速器正常工作。液位过高还可能使油液从加油口或通风管处喷出，致使发动机罩下起火。

由于自动变速器的结构特点不同，其油位的检查方法也不同，通常有油尺检查法和溢流孔检查法两种。油尺检查法所用油尺有双刻线、三刻线和四刻线3种,如图3-78a所示。

双刻线油尺检查步骤如下:

1)检查自动变速器油位之前,应起动发动机,怠速运转或行车使自动变速器油温达到正常温度(50~80℃)。

2)将车辆停放在平坦的路面上,驻车制动,保持发动机怠速运转,将变速杆分别置于各个档位停留片刻,以使各控制阀油腔、油道充满自动变速器液压油,最后将变速杆置于P位或N位。

3)打开油尺锁定杆,拉出油尺,用干净的布擦拭后完全插入,拉出油尺并检查油位,油位应处在双刻线油尺max和min之间。检查完后插回油尺并将其锁定。

三刻线油尺上对应两个区间,下方的COOL区间为油温低于50℃时的冷态油位范围,上方的HOT区间为油温为50~80℃时的热态油位范围;四刻线油尺上对应3个区间,最下方的COOL区间为冷态油位范围,最上方的HOT区间为热态油位范围,中间为正常油温时的油位范围。低温时自动变速器油的黏度大,运转时有较多的液压油附着在行星齿轮等零件上,所以油位较低;高温时自动变速器油黏度小,容易流回油底壳,因此油位较高。油位应以热态时为准,冷态油位用来更换ATF时做参考用。

溢流孔检查方法:部分车型是在自动变速器油底壳上设一溢流孔,如图3-78b所示,溢流孔平时用螺塞拧紧,检查油位时将车辆水平停放,保持发动机怠速运转,将变速杆分别置于各个档位停留片刻,使自动变速器油达到要求的温度,然后将变速杆置于P位或N位,拧开螺塞,如果有少量油液溢出即为合适。

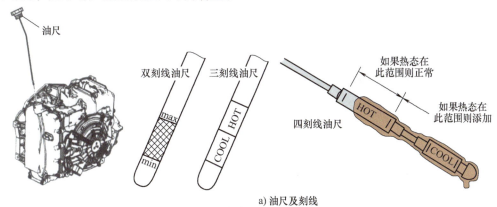

a) 油尺及刻线

b) 油位溢流孔

图3-78 自动变速器油位检查

2. 油质检查

自动变速器随着运行时间的延长和内部相对运动件的磨损，不可避免地会产生各种故障，同时伴有自动变速器油变质、变色。因此，在诊断自动变速器故障时，可以通过自动变速器油颜色和品质的变化来判断故障产生的原因。

（1）油液颜色　通常每年应检查一次自动变速器油的品质。正常的自动变速器油为红色或粉红色的透明液体，并有类似新机油的气味。使用半年以上的自动变速器油为略带褐色的红色透明液体。油质与故障分析见表3-4。

表3-4　油质与故障分析

ATF 状态	原　因
油液变为深褐色或深红色	没有及时更换油液和长期重载荷运转，某些部件打滑或损坏引起变速器过热
油液有烧焦气味	油位过低、摩擦片有烧损
油液中有金属	换档执行元件严重磨损
油尺上粘附胶质油膏	变速器长期油温过高
油液从加油管溢出	油面过高或通气孔堵塞
油液变为粉色或白色	有水进入自动变速器油中，散热器损坏

（2）检测方法　准确地分析自动变速器油中磨料的含量及种类，最好将自动变速器油放尽后拆下油底壳，从油底壳沉淀中分析磨粒的成分以判断故障产生的原因。如果不拆油底壳，则应首先将发动机起动，使发动机怠速运转，并将变速杆放在空档与 D 位间反复移动几次，以便使变速器油充分流动到位，然后将变速杆置于 P 位或 N 位，拔出油尺，用干净的纸巾擦拭油尺上的油液或用手缓捻自动变速器油，以便检查自动变速器油品质，如图3-79所示。此项工作可结合检查自动变速器油位同时进行。

图 3-79　油质检查

3. 漏油检查与自动变速器油的更换

（1）漏油检查　液压控制系统的各连接部位上都有油封和密封垫，这些部件是易发生漏油的地方。液压系统漏油会引起油路压力下降，油位不足。漏油检查主要针对自动变速器的外部泄漏，因此在检查中相对简单，只需留意变速器的外部是否有泄漏的痕迹就可以了。如果是内部泄漏，会影响变速器的性能，但是通过常规的检测无法知道。

（2）自动变速器油的更换　通常在我国道路条件和使用环境下，自动变速器轿车每正常行驶 40000~80000km 应更换一次自动变速器油。换油方法如下：

1）换油之前先将车辆行驶一段路程，使自动变速器油油温达到正常工作温度。

2）拆下自动变速器油底壳底部的放油螺塞，将油底壳内的自动变速器油放净。有些车型的自动变速器油底壳上没有放油螺塞，应拆卸油底壳放油。

3）放油后，将油底壳及其他有关零件清洗干净。有些自动变速器油底壳上的放油螺塞是带磁性的，有些自动变速器油底壳内还专门放置了一块磁铁，目的都是吸附油液中的铁屑，清洗时应注意将吸附的铁屑清洗干净。

4）每次换油时，必须清洗自动变速器油滤清器滤网、更换滤清器滤芯。

5）清洗装复后，加入规定牌号和容量的自动变速器油，起动车辆行驶一段路程至正常油温后再次检查自动变速器油位，直到调整到符合要求为止。

6）建议使用专用自动变速器换油设备换油。目前有专用自动变速器清洗换油设备，用此设备换油既可将自动变速器彻底清洗，又可将旧油液全部换出。采用油底螺塞放油法只能换掉50%~60%的旧油，其余的油液在液力变矩器和油冷却器内无法换出。

目前各种高档轿车都称其自动变速器为免维护或少维护自动变速器，这些车型的自动变速器使用的是长效自动变速器油。这些自动变速器油在变速器的正常使用寿命或规定的里程数之内，都可以保证不变质，这是在变速器正常工作的情况下来衡量的。当变速器出现异常或因为泄漏等原因造成油质变坏，或需要添加自动变速器油时，就要求对该车型使用的自动变速器油型号有所了解。

4. 变速杆位置的检查和调整

将变速杆从 N 位换到其他档位，检查变速杆是否能平稳而又精确地换到其他档位。同时检查档位指示器是否正确地指示档位。如果档位指示器与正确档位不一致，进行下述调整：

1）松开变速杆上的螺母。

2）将控制轴杆向后推到位，然后将控制轴杆退回两个槽口到 N 位，如图 3-80a 所示。

3）将变速杆定位在 N 位。

4）稍稍朝 R 位定位变速杆，拧紧变速杆螺母。

5）起动发动机，确认变速杆自 N 位换到 D 位时，车辆向前移动；换到 R 位时，车辆后退。

5. 空档起动开关的检查与调整

检查发动机是否仅能在变速杆位于 N 位或 P 位时起动，在其他档位不能起动。如果不符合要求，则应进行如下的调整。

1）松开空档起动开关螺栓，将变速杆置于 N 位。

2）将槽口对准空档基准线，如图 3-80b 所示。

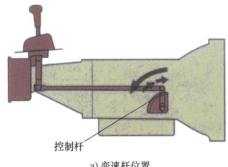
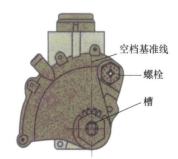

a) 变速杆位置　　b) 空档起动开关位置

图 3-80　联动机构检查与调整

3）定位位置并按规定力矩拧紧螺栓。

6. 发动机基本怠速检查

发动机怠速不正常会使自动变速器工作不正常，出现换档冲击、换档延迟等故障，发动机基本怠速过低太久会出现空档时发动机严重发抖甚至熄火的现象。因此在判断自动变速器故障之前，首先检查发动机的基本怠速是否正常。怠速检查时，应将变速杆置于停车档（P位）或空档（N位）。一般汽车发动机怠速为800r/min左右，若发动机怠速过低或过高，都应予以调整。有些车型的怠速是不能调整的，此时应该进行发动机怠速控制系统的清洗、维护工作。

7. 温度异常处理

当发动机冷却液温度正常而自动变速器油温过高时，首先应检查变速器和冷却器之间的管路是否有松动、弯折、损坏或泄漏，更换损坏的管路，紧固或更换泄漏的部件。其次应检查散热器中的冷却液，如果其中混入变速器油，则可以判定自动变速器油冷却器有泄漏。最后应检查自动变速器油中是否有发动机冷却液或水。当自动变速器油中发现有冷却液混入的痕迹时，应进行冷却器泄漏测试。若通过测试发现冷却器有泄漏存在，应予以更换。

四、自动变速器试验

若自动变速器在基本检查时无故障，但运行中仍存在故障，则可能是自动变速器内部的某些离合器、制动器故障，或某些阀及油道故障。在拆下自动变速器进行维修之前，可进行试验，通过试验发现或缩小故障范围，为维修提供依据。自动变速器试验包括：手动换档试验、失速试验、时滞试验、油压试验、道路试验等。实际中需参考各厂家的维修资料，进行这些试验的步骤及性能结果的判断。

1. 手动换档试验

手动换档试验是将电控自动变速器所有换档电磁阀的线束插接器全部脱开，此时自动变速器ECU不能通过换档电磁阀来控制换档，自动变速器的档位只取决于变速杆的位置。通过手动换档试验可以确定故障发生在控制电路还是变速器内部机械故障。如果手动换档试验结果正常，说明自动变速器的换档执行元件、液压控制系统、行星齿轮机构和液力变矩器正常，故障在自动变速器的电子控制系统。如果手动换档试验中变速器出现工作异常，则说明自动变速器的电子控制系统正常，故障在换档执行元件、液压控制系统、行星齿轮机构或液力变矩器。

2. 失速试验

变速杆位于D位或R位时，踩下制动踏板不动。当完全踩下加速踏板时，发动机处于最大转矩工况，而此时自动变速器的输出轴及输入轴均静止不动，即液力变矩器的涡轮不动，只有液力变矩器壳及泵轮随发动机一同转动，此工况称为发动机失速工况，此时的转速称为发动机的失速转速。测量失速转速的试验称为失速试验，其基本过程如图3-81所示。试验需自动变速器油温度达到正常值，在平坦道路进行。失速试验的目的是检查发动机的输出功率的大小、液力变矩器性能的好坏（主要是导轮）和自动变速器中的离合器、制动器等是否打滑。通过比较转速的测量值与标准值即可进行判断。

失速试验中需注意：通常由两个人一起完成，一人测试，一人在车外观察车轮或车轮挡块情况；发动机有明显故障或太旧的汽车不要做失速试验；失速转速过高，并不断上升，说明变速器内离合器和制动器已经打滑，应立即退出失速实验，避免造成更严重的损伤；每次测量不超过 5s，等油温下降后再次进行，否则油温过高，会损坏变速器。

a) 塞住车轮，预热发动机

b) 拉紧驻车制动器手柄，踩下制动踏板(保持住)

c) 将变速杆置于R位

d) 快速将加速踏板踩到底，转速稳定后读取R位失速转速

e) 将变速杆置于D位

f) 快速将加速踏板踩到底，转速稳定后读取D位失速转速

图 3-81 失速试验

3. 时滞试验

在发动机怠速状态将变速杆从 N 位换到 D 位或 R 位，从开始换档直到感到汽车出现振动（即变速杆换入某一档位瞬间，液压控制系统发生作用，动力经行星齿轮、传动装置到达驱动轮时）存在一定的时差，称为时滞。时差大小取决于自动变速器油路油压高低、油路密封情况、离合器和制动器磨损情况。测量自动变速器时差大小的试验称为时滞试验，其基本过程如图 3-82 所示。时滞试验的目的是进一步检查离合器、制动器的磨损情况和控制油压是否正常。通过比较滞后时间的测量值与标准值即可进行判断。

4. 油压试验

若油压过高，会造成自动变速器换档时冲击过大，液压系统也容易损坏；若油压过低，会使离合器、制动器等换档执行元件打滑，影响自动变速器的正常工作，且加速离合器和制动器摩擦片的磨损，严重时会导致摩擦片烧坏。油压试验的目的是测量控制管路中的油压，用来判断油泵及各滑阀工作性能的好坏，以便调整和换件修理。其基本过程如图 3-83 所示，主要测量主油路油压、档位油压等。一般在壳体上有各自的测压孔，孔数因车而异。

a）塞住车轮，预热发动机

b）保持发动机怠速运转

c）拉紧驻车制动器手柄，踩下制动踏板

d）将变速杆置于N位

e）把变速杆从N位拨至D位，用秒表测出从换档到感觉到振动之间的时间

f）把变速杆从N位拨至R位，重复上述步骤

图 3-82　时滞试验

5. 道路试验

自动变速器道路试验的目的是对自动变速器各项性能进行综合性测试，是检验自动变速器的工作性能和诊断常见故障的有效手段。只要车辆还能行驶应尽量做道路试验，以确定自动变速器工作是否正常及其故障部位。其主要检查内容有：起步和加速性能，换档时机和换档质量，换档执行元件工作状态、发动机制动作用、强制降档功能及锁止离合器工作状况等。

a) 塞住车轮，预热发动机

b) 将油压表连接到检测孔

c) 拉紧驻车制动器手柄，踩下制动踏板(保持住)

d) 将变速杆置于D位

e) 在急速及节气门全开状态下，分别获取油压表的油压数值

f) 将变速杆置于R位，测量急速及节气门全开状态下的油压

图 3-83　油压试验

任务实施

【实施过程】

一、准备

准备车辆设备、维修资料、拆装与测量工具，教师讲解或示范，进行任务实施。

二、车上认识与检修

1）查找识别自动变速器油冷却器及管路连接、泄漏状况；按要求进行自动变速器油位、油质检查；对联动机构换档手柄、拉线及空档起动开关和发动机急速进行检查、调整。

2）严格按照维修资料说明（能否进行）进行相关试验，判断自动变速器内部有关部件的状况。

【实施工单】

1. 信息查询

自动变速器油冷却器维修手册查询路径：_____，

油位检查维修手册查询路径：_____，

变速器试验维修手册查询路径：_____。

2. 车上认识与检修

项目	内容及结果				
基本检查	ATF 冷却类型：_____，管路变形及泄漏：□有 □无				
	ATF 型号：_____，容量：_____，通气孔塞：□正常 □异常，				
	油位检查方式：_____，油位：□正常 □过高 □过低，				
	油质□正常 □异常：_____，漏油状况：□有 □无				
	发动机怠速大小：_____，□正常 □过大 □过小，调整方法：_____				
	油温：_____，□正常 □过大 □过小，异常原因：_____				
	档位与指示灯显示一致性：□正常 □异常				
试验	试验名称	手册说明	测试结果	分析	
	手动换档试验	□能 □否 □无			
	失速试验	□能 □否 □无			
	时滞试验	□能 □否 □无			
	油压试验	□能 □否 □无			
	道路试验	□能 □否 □无			

【实施评价】

自我收获	自我评价	教师评价
	□满意 □较满意 □不满意	□优秀 □良好 □合格 □不合格

习题与思考

一、判断题

1. 不同型号液力自动变速器可随意使用不同的自动变速器油。（　　）
2. 自动变速器油的温度影响液力自动变速器的工作。（　　）
3. 液力自动变速器拆修前应做基本检查和性能测试。（　　）
4. 自动变速器油位检查应在要求温度下进行。（　　）
5. 发动机工作性能状况对液力自动变速器的工作无影响。（　　）

二、选择题

1. 独立式自动变速器油冷却器中的流动介质是（　　）。

A. 风 　　　　　B. 冷却液 　　　　C. 自动变速器油 　　　　D. 制动液

2. 自动变速器故障诊断与维修的基本原则有（　　）。

A. 分清故障产生的部位 　　　　B. 利用自动变速器的各项试验

C. 充分利用故障自诊断功能 　　D. 不可轻易分解

3. 属于液力自动变速器基本检查的有（　　）。

A. 油位检查 　　　　　　　　　B. 泄漏检查

C. 节气门检查和调整 　　　　　D. 联动机构检查和调整

4. 手动换档试验结果正常，说明（　　）正常。

A. 换档执行元件 　　　　　　　B. 液压控制系统

C. 液力变矩器 　　　　　　　　D. 电子控制系统

5. 当完全踩下加速踏板时，发动机处于最大转矩工况，而此时自动变速器的输出轴及输入轴均静止不动，即液力变矩器的涡轮不动，只有液力变矩器壳及泵轮随发动机一同转动，此工况称为发动机（　　）工况。

A. 怠速 　　　　　B. 加速 　　　　　C. 失速 　　　　　D. 超速

三、思考简答题

1. 简述自动变速器故障诊断的一般步骤。
2. 自动变速器各试验的目的分别是什么？

素养课堂

自强和团队

　　汽修专家魏俊强在生活条件差、身患疾病的情况下，从中职生到总工程师，专治车辆疑难杂症，获得能工巧匠、全国劳动模范等荣誉称号和全国五一劳动奖章，靠的就是严于律己、自强不息、奋斗不止。

　　汽车机电维修岗位通常是由几个人组成的班组为一个团队来完成任务的。对于复杂或有安全隐患的任务，需要组员协力参与才能进行，如拆装变速器时，就需要帮扶的、动手的及递工具的，只有协调一致才能避免事故的发生和提高效率。在生产分工越来越细的当代，项目任务开展大都以团队的形式进行，这样可充分发挥个人的强项，也有助于个人的成长。

项目 4 无级自动变速器和双离合自动变速器检修

任务 1　无级自动变速器检修

任务引入

无级变速器（CVT）与其他类型变速器相比，省去了复杂而笨重的齿轮组合，通过带轮或链轮机构在最高档位和最低档位之间提供无限的可变性，没有运转不连续的感觉，汽车在行驶过程中能平稳地自动换档。本任务介绍其概况及工作过程和检修方法，进行本任务的学习需要掌握前面项目任务的知识。

任务目标

1. 掌握 CVT 的基本类型。
2. 能结合维修资料，拆装、识别 CVT 组成件。
3. 能结合维修资料，正确拆解 CVT 组成件并检查技术状况。
4. 能初步诊断、处理 CVT 的故障。
5. 培养学生运用知识的能力及工匠精神。

CVT 认识

知识链接

一、概述

CVT 的基本结构包括动力连接装置、无级变速机构、行星齿轮机构、中间齿轮组和电液控制模块等，如图 4-1 所示。

1. 工作原理

在 CVT 变速机构中，如图 4-2 所示，传统变速器的齿轮被一对带轮和一条钢制传动带所取代，主动带轮和从动带轮都由可动盘和固定盘组成，液压工作缸侧为可动盘，可以在轴上滑动，另一侧为固定盘。可动盘与固定盘都是锥面结构，它们的锥面形成 V 形槽与 V 带两侧挤压产生摩擦力。锥形带轮在液压缸的推力作用下收紧或张开，挤压钢制传动带，以此来调节 V 形槽的宽度。当锥形带轮向内侧移动收紧时，传动带在锥盘的挤压下向圆心以外的方向（离心方向）运动，相反会向圆心以内运动。调整时主、从动轮组必须同时进行，以保证传动钢带或链始终处于张紧状态且有足够的盘接触传动压力。

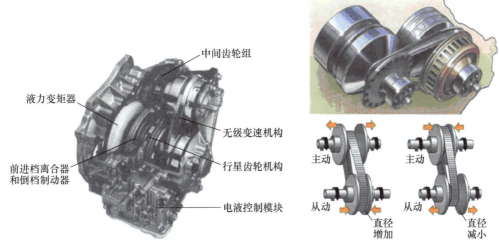

图 4-1　CVT 的基本结构　　　　　图 4-2　变速传动原理

在车辆行驶时，发动机动力传递到 CVT 的主动带轮，通过传动带带动从动带轮，实现无级传递动力，最后经减速器、差速器将动力传递给驱动轮，驱动汽车行驶，实现动力传输的持续和顺畅。部分 CVT 车辆通过操纵模式开关可模拟出一定数目档位的换档。

2. CVT 类型

（1）按动力连接装置分类　常见的 CVT 配置了液力变矩器，功能可由液力变矩器来完成；没有装备液力变矩器的 CVT，由前进档离合器和倒档制动器完成以上功能；部分 CVT 采用专门的起步离合器来完成功能。

（2）按传动带类型分类　常用的传动带有金属带和金属链两种，如图 4-3 所示。金属带式 CVT 采用推动的受力方式，金属链式 CVT 采用的是拉动的受力方式。

a）金属带式　　　　　　　　　　　　b）金属链式

图 4-3　传动带的类型

二、本田 CVT

CVT 在奥迪、丰田、本田及日产等车型上应用较多，下面以本田 CVT 为例说明无级变速器。早期本田 CVT 使用起步离合器，当前采用液力变矩器，其结构及工作过程相对简单。

145

1. 动力传递机构

如图4-4所示，变速器有4个平行轴：输入轴、主动带轮轴、从动带轮轴和主传动轴。输入轴和主动带轮轴间有单排双级行星齿轮机构和离合器及制动器，输入轴与离合器鼓及行星架连为一体，太阳轮与离合器毂连为一体，制动器用来对齿圈进行控制，即行星排在离合器及制动器的控制下将输入轴的动力以不同方向传至主动带轮轴。

主动带轮轴包括主动带轮和行星太阳齿轮/离合器毂。从动带轮轴包括从动带轮（带驻车齿轮）和二级主动齿轮，主动带轮轴和从动带轮轴同向旋转。主传动轴在二级主动齿轮和主减速器从动齿轮之间。主传动轴上有二级从动齿轮和主减速器主动齿轮。

图4-4　本田CVT

2. 动力传递路线

（1）前进档　向前进档离合器施加液压，将输入轴/前进档离合器鼓与前进档离合器毂/太阳齿轮接合，动力等比传至主动带轮轴。主动带轮通过钢带驱动从动带轮。从动带轮轴通过二级主动齿轮驱动二级从动齿轮，动力传至主减速器主动齿轮，进而驱动主减速器从动齿轮。前进档动力流向如图4-5a所示。

在低速范围内，主动带轮接收的压力小于从动带轮接收的压力，主动带轮直径较小，传动比大；在高速范围内，车速增大，主动轮压力通过CVT驱动轮压力控制电磁阀增大，从动轮压力通过CVT从动轮压力控制电磁阀减小，主动轮接收的压力比从动轮接收的压力高，主动带轮直径较大，传动比小。

（2）倒档　液压施加至倒档制动器，倒档制动器锁止齿圈。输入轴/前进档离合器鼓/行星架反向驱动太阳轮，并驱动主动带轮轴。主动带轮通过钢带驱动从动带轮。从动带轮轴通过二级主动齿轮驱动二级从动齿轮，动力传送到主减速器主动齿轮上，并驱动主减速器从

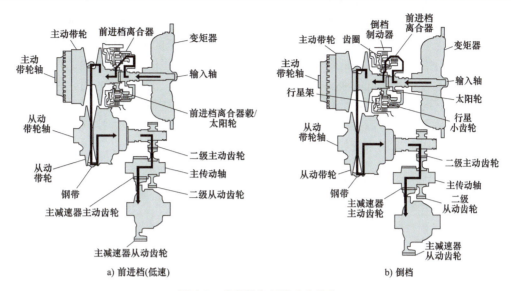

图 4-5 前进档和倒档动力流向

动齿轮。倒档动力流向如图 4-5b 所示。

（3）驻车档/空档

1）驻车档：液压未施加到前进档离合器和倒档制动器上。动力未传送到主动带轮轴，从动带轮被驻车齿轮的驻车棘爪锁止。

2）空档：从变矩器传送的发动机动力可驱动输入轴，但是液压未施加到前进档离合器和倒档制动器，动力未传送到主动带轮轴。

3. 电液控制系统

（1）液压控制系统　液压控制系统是通过变速器主副油泵、阀体上的滑阀和电磁阀进行控制的。主油泵的驱动链轮和变矩器壳体连接在一起，随发动机运转而转动，通过油泵驱动链驱动油泵从动链轮。油泵的液体流到各控制阀、主从动带轮可动盘油腔、前进档离合器和倒档制动器等。变速器主油泵及阀体总成如图 4-6 所示。副油泵为适应发动机起停工作需要，由控制单元控制电动机而工作。

图 4-6 变速器主油泵及阀体总成

（2）电子控制系统　电子控制系统由控制单元（TCM）、传感器和执行器组成。CVT 控制系统完成换档控制、带轮压力控制、离合器压力控制、锁止控制、油泵压力控制和指示灯控制等。TCM 通过切换换档电磁阀和 CVT 带轮控制电磁阀来控制换档位置和锁止变矩器离合器。为减小钢带打滑和增加钢带的使用寿命，控制单元计算传感器和开关的信号，激活带轮压力控制电磁阀以取得最优带轮压力。若要取得高带轮比值，低速范围，高液压作用在从动轮的可动盘上并减小主动轮（驱动轮）的有效直径，更低的液压作用在主动轮的可动盘上以消除钢带打滑。若要取得低带轮比值，高速范围，高液压作用在主动轮的可动盘上并减小从动轮的有效直径，更低的液压作用在从动轮的可动盘上以消除钢带打滑。控制单元通过比较实际行驶状况和所记忆的行驶状况来控制换档，并迅速从各传感器和开关发送的信号来确定带轮比，从而激活 CVT 主动轮压力控制电磁阀和 CVT 从动轮压力控制电磁阀以控制带轮的压力。CVT 电液控制系统如图 4-7 所示。

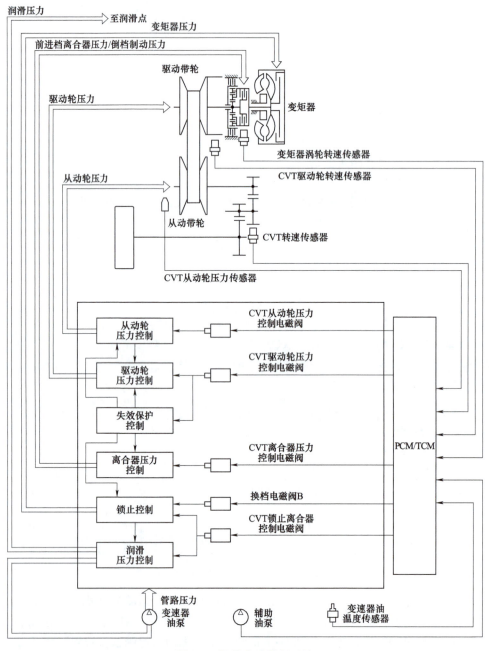

图 4-7　CVT 电液控制系统

CVT 传感器有变矩器涡轮转速传感器、CVT 驱动轮转速传感器、CVT 转速传感器、变速器油温度传感器、CVT 从动带轮压力传感器和档位开关组成，如图 4-8 所示。

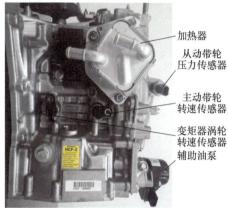

图 4-8　CVT 传感器

任务实施

【实施过程】

一、准备

准备装配 CVT 的车辆和 CVT 总成、维修资料、拆装与测量工具，教师讲解或示范，进行任务实施。

二、车上认识与检修

1）在驾驶室、发动机舱及车辆底部查找 CVT 部件及检查安装情况。
2）检查变速器外部是否漏油及变速器油液位、油质。
3）识读电路图，检查电路连接及信号状况。
4）用诊断仪读取故障码和数据流等。

三、车下认识与检修

1）拆解 CVT，识别带轮机构、行星齿轮机构及换档执行元件、电控元件和液压部件，指出动力传递过程。
2）结合维修资料，参考运用项目 3 所学知识进行带轮机构、行星齿轮机构及换档执行元件、电控元件和液压部件检查。

【实施工单】

1. 信息查询

汽车品牌：_____，车型：_____，VIN：_____，CVT 型号：_____；控制系统说明及电路图维修手册查询路径：_____。

2. 车上认识与检修

项目	内容及结果
部件	安装牢固：_____
油液	是否漏油及变速器油液位、油质：_____
电路	导通及信号：_____
诊断仪使用	故障码：_____ 数据流：_____ 其他：_____

3. 车下认识与检修

项目	内容及结果
动力传递机构	动力连接方式：□液力变矩器 □起步离合器 □其他：_____ 无级传动方式：□钢带 □链条 行星齿轮机构的排数：____，基本元件连接情况：_____ 离合器/制动器有____个 控制情况：_____ 驻车制动组件：_____
液压部件	油泵的个数：_____，类型：_____，驱动方式：_____ 滤网：□正常 □阻塞 □损坏 阀体数目：_____，滑阀：□正常 □损坏 带轮、轮轴、钢带及相关部件：□正常 □磨损 □损坏 带轮压力油管和密封圈：□正常 □变形 □损坏
电控元件	电控单元在变速器壳体：□内 □外，档位开关在变速器壳体：□内 □外 壳体上或内部安装的传感器有_____ _____ 转速传感器数目：____，类型：□电磁式 □霍尔式 □其他形式：_____ 信号轮安装位置：_____ 电磁阀数目：_____，类型：_____ 名称：_____

【实施评价】

自我收获	自我评价	教师评价
	□满意 □较满意 □不满意	□优秀 □良好 □合格 □不合格

习题与思考

一、判断题

1. 无级变速器是传动比可以在一定范围内连续变化的变速器。（　　）
2. 无级变速器采用传动带（链）和工作直径不可变的主、从动轮配合来传递动力。（　　）
3. CVT 主、从动带轮可同时收紧或张开。（　　）
4. CVT 用传动带和传动链的工作受力是一样的。（　　）
5. CVT 倒档可无级变速。（　　）

二、选择题

1. 属于 CVT 变速器传感器的有（　　）。
A. 变速器油温度传感器　　　　B. 涡轮转速传感器

C. 主动带轮压力传感器　　　　　　D. 从动带轮压力传感器
2. 无级变速器实现无级变速是通过改变（　　）实现的。
A. 主、从动带轮直径　　　　　　　B. 发动机转速
C. 行星齿轮　　　　　　　　　　　D. 液力变矩器
3. 无级变速器通过使（　　）工作实现前进档。
A. 离合器接合　　　　　　　　　　B. 制动器接合
C. 离合器制动器都接合　　　　　　D. 以上都不对
4. CVT高带轮比值工作时，高液压作用在（　　）上。
A. 从动轮的可动盘　　　　　　　　B. 驱动轮的可动盘
C. 从动轮的固定盘　　　　　　　　D. 从动轮的固定盘
5. CVT控制项目有（　　）。
A. 换档控制　　　　　　　　　　　B. 带轮压力控制
C. 离合器压力控制　　　　　　　　D. 变矩器锁止控制

三、思考简答题

1. 简述无级变速器的动力传递路线。
2. 简述无级变速器电液系统的工作过程。

任务 2 双离合自动变速器检修

 任务引入

双离合变速器（DCT）大众称为直接换档变速器（DSG），其设计目的是消除"换档时的牵引力中断"现象。双离合变速器具有换档速度快、省油、换档舒适性好和机械效率高等特点，近年来得到广泛使用。本任务介绍其概况及工作过程和检修方法，进行本任务的学习需要掌握前面项目的知识。

 任务目标

1. 掌握 DCT 的基本类型。
2. 能结合维修资料，拆装、识别 DCT 组成件。
3. 能结合维修资料，正确拆解 DCT 的组成件并检查其技术状况。
4. 能初步诊断、处理 DCT 的故障。
5. 培养学生运用知识的能力及工匠精神。

 知识链接

一、概述

DCT 以手动变速器为基础，增加了电子液压控制装置，实现了机电液的组合。常见的 DCT 没有 AT 的液力变矩器，它是机械式自动变速器的一种，它有两根动力输入轴，每根连一个离合器，一个控制奇数档，另一个控制偶数档，倒档的离合器控制与变速器型号有关。因此，DCT 可以想象为将两台手动变速器的功能合二为一，建立在单一的系统内，内含两个自动控制的离合器，由电液控制两组离合器的动作和换档。

1. 双离合器的结构类型

（1）湿式双离合器　湿式双离合器为一大一小两组同轴安装在一起的多片式离合器，分别连接奇数档齿轮和偶数档、倒档齿轮。"湿式"是指双离合器安装于一个充满 DCT 油的封闭油腔里。这种湿式结构有更好的调节能力和优异的热容性，因此能够传递比较大的转矩。

DCT 认识

（2）干式双离合器　干式双离合器由两个尺寸相近的离合器片与中间盘同轴相叠而成。位于中间盘两侧的两个离合器片分别连接奇数档齿轮和偶数档、倒档齿轮，两个离合器片分别与中间盘"接合"或"分离"，通过切换离合器片位置来进行转矩输出。因为它的双离合器不像湿式双离合器那样安装在封闭油腔里，所以称为干式双离合器。

与湿式离合器相比，干式离合器具有从动部分转动惯量小、结构简单、成本相对较低等优点，同时避免了湿式离合器分离时空转滑磨损失、离合器冷却及控制油液等因素引起的系统效率降低的缺点，进一步提高了燃油经济性。但是，干式离合器自身结构的固有特性使它能够承受的最大转矩比湿式离合器低，多与较小排量的发动机配合，而且还存在着离合器摩擦散热和变速器控制机构的控制难点。近年来随着该类变速器成熟度的大幅提升，其不足正在明显减少。

2. 双离合器控制方式

（1）电液控制式　湿式双离合器采用电液控制 DCT 油到离合器的压力室，驱动活塞动作，推动离合器片实现接合与分离动作。干式双离合器采用集成各种电磁阀的滑阀箱来控制离合器的操作臂和换档拨叉。

（2）电动控制式　福特公司的 DPS6 型双离合器变速器，使用 4 个电动机来控制 2 个离合器操作臂和 4 个换档拨叉。离合器的驱动电动机是直接由变速器 ECU 控制的，通过对离合器驱动电动机的转动方向（正转、反转）、转速和力度的控制，就能够完成离合器的接合、半接合和完全分离等动作。

二、大众 DCT

DCT 在欧、美、韩等合资汽车及国产汽车上都有使用，其中，大众装备 1.4T 发动机的速腾、朗逸、迈腾、帕萨特等装备了 7 速干式双离合变速器 OAM；大众装备 1.8T 发动机的速腾、迈腾等装备了 6 速湿式双离合变速器 02E。

1. 02E 变速器

（1）基本组成　大众 6 速湿式双离合变速器 02E 主要由两个湿式多片式离合器、两组二轴式齿轮变速器以及电液换档控制机构组成，其内部结构如图 4-9 所示。

双离合变速器有两个独立控制的离合器，即离合器 K1 和离合器 K2，如图 4-10 所示。多片式离合器 K1 是外离合器，可将转矩传递到 1 档/倒档、3 档和 5 档的输入轴 1 上。要想使这个离合器接合，必须将油压入离合器 K1 的活塞油压力腔内。于是活塞 1 开始移动，这就使离合器 K1 的片组压靠在一起，转矩经内片支架的片组传递到输入轴 1 上。当离合器脱开时，碟形弹簧将活塞 1 压回到初始的位置；多片式离合器 K2 也是外离合器，可将转矩传递到 2 档、4 档/6 档的输入轴 2 上。要想使这个离合器接合，必须将油压入离合器 K2 的压力腔内。于是活塞 2 通过这个片组将动力传递到输入轴 2 上。螺旋弹簧在离合器脱开时将活塞 2 压回到初始的位置。

离合器接合后动力分别传递给变速器的两根输入轴 1 和 2，如图 4-11 所示，输入轴 2 空心，输入轴 1 从其中穿出，输入轴 1 通过花键与离合器 K1 相连。输入轴 1 上装有 1 档/倒档、3 档、5 档齿轮，在 1 档和 3 档齿轮之间有输入轴 1 的转速传感器 G501 的靶轮（脉冲信号轮）为控制单元提供输入轴 1 的转速信息；输入轴 2 通过花键和离合器 K2 片组相连，输入轴 2 上装有 2 档、4 档/6 档齿轮，在 2 档齿轮附近有输入轴 2 转速传感器 G502 的靶轮为控制单元提供输入轴 2 的转速信息。1 档和倒档共用一个主动齿轮，4 档和 6 档共用一个主动齿轮，这种设计使变速器长度缩短。另有两根输出轴 1、2 对应两个输入轴，其中输出轴 1 上装有输出轴齿轮 1 以及空套有 2 档、4 档、3 档、1 档齿轮，并装有 2/4 档同步器和 1/3 档同步器，输出齿轮 1 用于与主减速从动齿轮啮合，将输出轴 1 的动力传至与差速器；输出轴 2 上装有输出轴齿轮 2 以及空套有倒档、6 档、5 档齿轮，并装有 6/倒档同步器和 5 档同步器，输出轴齿轮 2 用于与主减速从动齿轮啮合，将输出轴 2 动力传至与差速器，输出轴 2 上有测量变速器输出转速的靶轮。输出轴 1 和输出轴 2 上的输出轴齿轮同时与主减速器从动齿轮啮合，但只有一个在输出动力，另一个空转。还有一根倒档轴，其上装有倒档双联齿轮，其中稍大的齿轮与输入轴 1 上的 1 档齿轮啮合传递动力。因此，离合器 1 负责传递变速

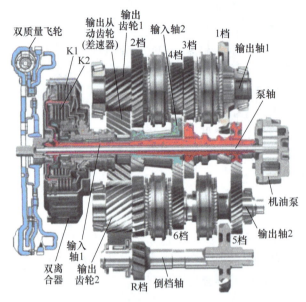
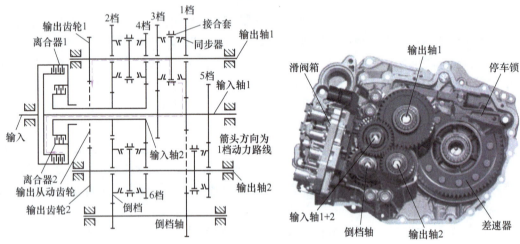

图4-9 02E的内部结构

器的1档、3档、5档和倒档的动力,离合器2负责传递2档、4档和6档的动力。

(2)工作过程 发动机转矩由曲轴到达双质量飞轮,通过花键将转矩传到多片式离合器的驱动盘上,驱动盘通过离合器K1的外片支架与离合器的主毂连在一起。离合器K2的外片支架与主毂连在一起来传递动力。当离合器接合时,转矩被传递到内片支架上,也就是传递到相应的输入轴上。

汽车在挂上奇数档行驶时,离合器K1接合,输入轴1工作,变速器在某一奇数档位工作,此时离合器K2处于分离状态,输入轴2不工作,但有一偶数档位的同步器处于接合状态(预啮合);当要进行换档时,将离合器K1分离的同时让离合器K2接合,实现平稳、快速地换档(换档时间通常只有0.1~0.2s),接着,某一奇数档位的同步器又处于接合状态(预啮合),即在双离合变速器的工作过程中总是有2个档位是接合的,一个正在工作,另一个为下一步做好准备,这就使汽车在换档过程中大大减少或消除了动力的中断。另外,

项目4 无级自动变速器和双离合自动变速器检修

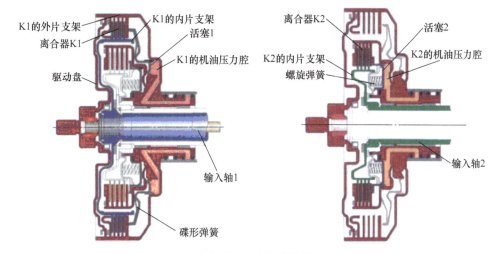

图 4-10　离合器的结构

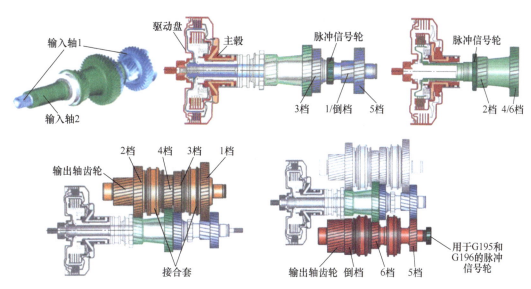

图 4-11　输入/输出轴

在手动模式下可以进行跳跃换档，若初始档位和目标档位属同一离合器控制，则会通过另一离合器控制的档位转换一下；如果初始档位和目标档位不属于同一离合器控制，则可以直接跳跃换至所定档位。正常工作时，总是有一个多片式离合器和一个传动机构在传递动力，而同时另一个传动机构已经挂上邻近的档位，只是这个档位的离合器没有接合。

类似两轴式手动变速器的动力分析，各档位动力传递路线如图 4-12 所示。

（3）换档机构　双离合器变速器换档与普通的手动变速器一样，也是采用换档拨叉，一个拨叉可控制两个档位。拨叉是采用液压方式来操纵的，不像普通手动变速器那样采用换档拨块，如图 4-13 所示。

换档拨叉装在油缸中的球轴承上，换档时，来自电液控制的 ATF 被引到油缸的左侧，由于油缸右侧无压力，形成推力，换档拨叉被移动，从而带动了滑套，挂档成功。换档轴压力通过保持换档轴持续时间进行调节。挂上档位后，换档拨叉就切换到无压力状态。档位通过换档齿轮的倒角和换档拨叉上的锁止机构保持在这个位置上。如果没有操纵换档拨叉，换档拨叉就由一个安装在变速器内部的锁止机构保持在空档位置。每个换档拨叉上都有一个永久磁铁，电液控制装置内的位移传感器通过这块磁铁来识别各个换档拨叉的准确位置。要想挂上某一档位，拨叉必须将滑套推到滑动齿轮的齿上。

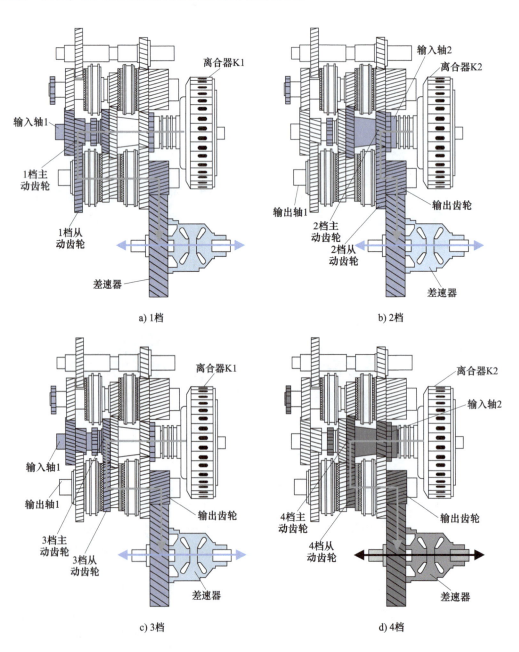

图 4-12　档位动力传递路线

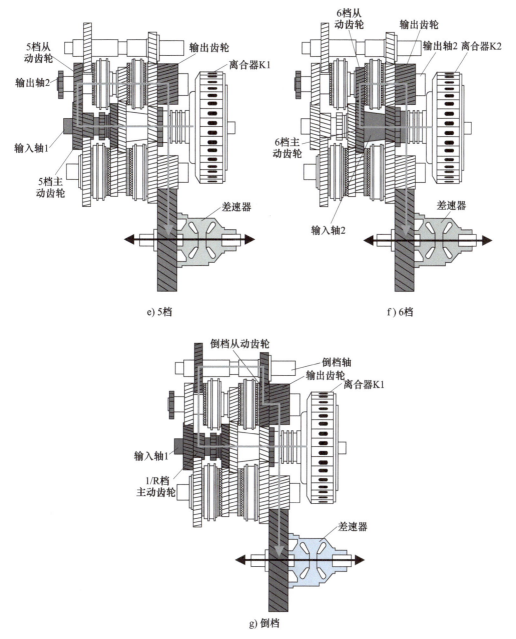

图 4-12 档位动力传递路线（续）

(4) 驻车锁　差速器内集成了一个驻车锁，该锁可在没有拉紧驻车制动器手柄的情况下，使车辆能可靠地驻车而不溜车。止动爪以纯机械方式工作，它通过变速杆和变速器上驻车锁杠杆之间的一条拉索来工作，该拉索只用于操纵驻车锁。驻车锁安装位置如图 4-14 所示。起作用时，驻车锁的齿轮部与主传动（圆柱齿轮）啮合在一起。

(5) 电控液压系统　电控系统是 02E 双离合变速器控制系统的中心，它装在变速器内部，根据发动机 ECU、ABS ECU 以及内部各传感器传递过来的信息和运动参数，以及 ECU 内部设置的程序，向各个执行元件发出指令，实现对变速器的各种控制。

图 4-13 换档拨叉机构

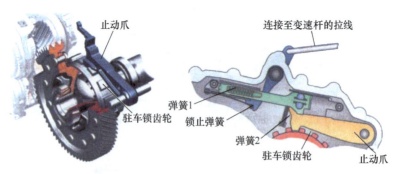

图 4-14 驻车锁

02E 双离合变速器电控系统包括传感器、ECU、电磁阀和档位开关，如图 4-15 所示。液压控制单元和 ECU 组成电控液压单元，装在变速器内部，浸在 ATF 中。由所有传感器信号和来自其他控制单元的信号均汇集到电控液压单元，再由其发出控制信号并监控。该电控液压单元上装有 12 个传感器，仅有 2 个传感器布置在电控液压单元外面，其余的传感器都安装在电控液压单元内部。该电控液压单元上装有 11 个电磁阀（6 个压力调节和 5 个换档），可控制和调节 8 个档位调节器，同时控制双离合器的冷却油压力和流量。

（6）变速杆传感器控制单元 J587 J587 集成在变速杆上，如图 4-16 所示。J587 既是控制单元也是传感器。作为控制单元，它操纵变速杆锁止电磁阀 N110 的动作，将变速杆锁止在 P 位或 N 位，避免变速杆被无意移动。作为传感器，它集成了用于识别变速杆位置的霍尔传感器和用于手动加减档的霍尔传感器。这些信息通过 CAN 总线被发送到 ECU J743 上和仪表控制单元上。

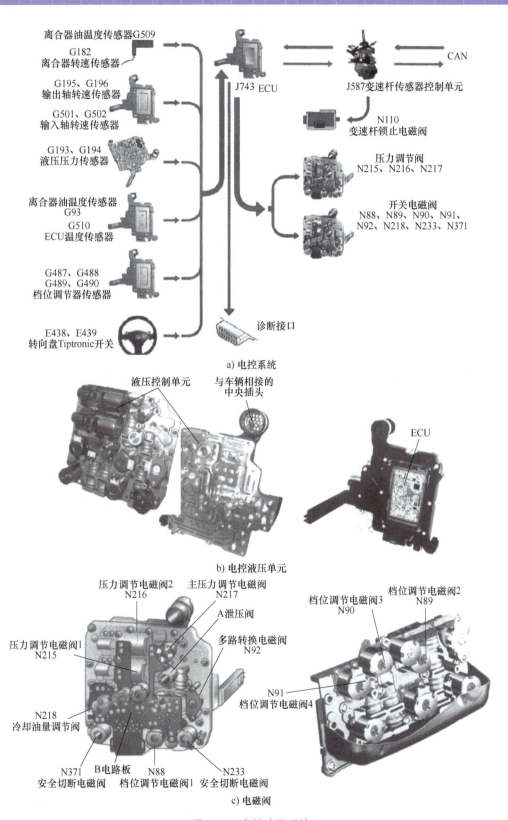

图 4-15 电控液压系统

变速杆处于 P 位时，变速杆锁止电磁阀 N110 将锁止销锁止在销孔中，防止变速杆被意外移动；当点火开关位于 ON 位置并踩下制动踏板时，变速杆传感器控制单元 J587 向 N110 供电，将锁止销从 P 位锁止销孔中拔出，此时可移动变速杆进入其他档位位置；变速杆处于 P 位时，如果 N110 出现故障，可以拆下变速杆侧的装饰护板，按下手动应急解锁装置，将锁止销从 P 位锁止销孔中按回，即可移动变速杆。

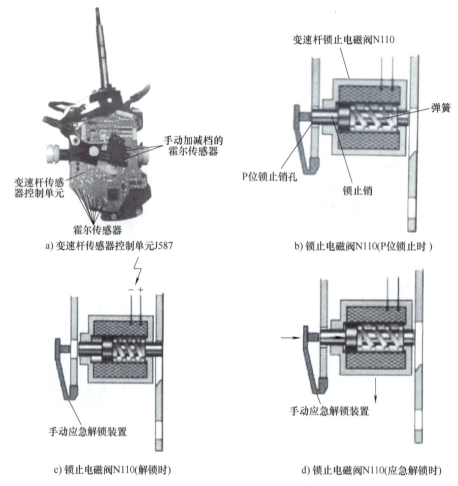

图 4-16 变速杆控制

（7）电液控制项目 02E 双离合变速器所有的结构共用一个 ATF 循环系统。ATF 在双离合变速器中的作用：润滑/冷却双离合器、齿轮；驱动双离合器和档位调节活塞。液压部件如图 4-17a 所示。02E 双离合变速器油泵由一根和发动机转速相同的油泵轴驱动，该轴作为第 3 根轴安装在输入轴 1 和 2 内。油泵为月牙隔板式齿轮泵，如图 4-17b 所示。

1) 主油压控制。油泵被油泵轴驱动，将 ATF 从粗滤器过滤后泵入油泵，油路如图 4-17c 所示。油泵泵出的油分为以下 4 路：①主油路压力过高时，通过限压阀卸压，油液流回油泵的吸油侧；②一部分油通过 ATF 冷却器冷却后经过油压过滤器，最终从喷油管喷出，冷却齿轮；③主调压阀的位置决定了去往油泵的回油量和去往 ATF 冷却器的油量，也改变了主油路中的油压；④被调节后的主油路油压流向离合器 K1 和 K2，还流向换档机构，进行

项目4　无级自动变速器和双离合自动变速器检修

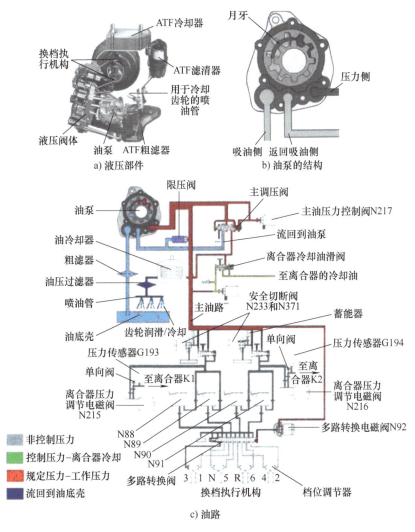

图 4-17　电液控制

离合器接合压力的控制与换档控制。

2) 换档油路控制。换档控制策略是先挂入档位,再接合相应的离合器。被调节后的主油路油压流向离合器 K1 和 K2、多路转换电磁阀、换档电磁阀。主油路油压去往换档机构共分为以下 3 路:①油液经过安全切断阀 N233 去往离合器 K1、换档电磁阀 N88、换档电磁阀 N89;②油液经过安全切断阀 N371 去往离合器 K2、换档电磁阀 N90、换档电磁阀 N91;③油液从主油路去往多路转换电磁阀 N92,再去往多路转换阀。

通往离合器 K1 与 K2 的油液可控制离合器的分离和接合以及接合的压力。油液通过换档电磁阀 N88、N89、N90、N91 可去往不同的档位调节器,进行换档。02E 双离合变速器有 6 个前进档、1 个倒档、1 个空档,共 8 个档位,只有 4 个换档电磁阀,所以需要多路转换电磁阀 N92 推动多路转换阀动作,使一个换档电磁阀可以控制两个档位。各档位油路分析可参考维修资料进行。

3) 离合器冷却控制。多片式离合器在换档过程中会产生摩擦,在低速行驶时离合器处于半联动状态，导致双离合器温度升高。为了防止双离合器过热，必须对离合器进行冷却。为了冷却离合器，液压油路中设有单独的离合器冷却液压回路。双离合器油液温度传感器 G509 安装在双离合器转鼓的外侧，可监测双离合器液流出的油液温度。根据测得的温度，ECU 控制冷却压力调节阀 N218 改变离合器冷却阀的位置，从而控制通往双离合器的冷却油量。油液进入双离合器的根部，在双离合器旋转离心力的作用下油液从内向外流过离合器片，对双离合器进行冷却。

4）安全切断控制。当需要传递的转矩较大、离合器片打滑时，离合器压力控制电磁阀会增大离合器的油压，提高接合压力；如果仍然存在打滑，离合器油压会继续提高。当离合器油压过高时，为了保护离合器，安全切断阀会切断通往离合器的油路，对离合器进行保护。主油路的油压必须通过安全切断阀才能进入离合器压力调节系统和换档控制系统，当02E 变速器 ECU 检测到离合器油压过高时，会使安全切断电磁阀通电并向右移动，切断通往离合器和换档机构的油压，离合器和换档机构中残存的油压通过安全切断阀的卸油口卸压。

2. OAM

大众 7 速干式双离合变速器 OAM 的整体结构如图 4-18 所示。双离合变速器 OAM 的转矩要从固定在曲轴上的双质量飞轮传递到双离合器，为此双质量飞轮上装有内齿，它和双离合器支承环上的外齿互相啮合，从这里将转矩传递至双离合器。

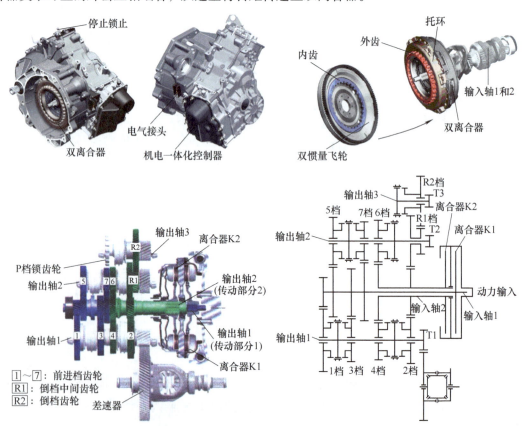

图 4-18 双离合变速器 OAM 的整体结构

双离合器的结构如图 4-19 所示，由离合器 K1 和离合器 K2 组成。当发动机关闭或怠速时，两个离合器都处于打开状态；当车辆运行时，两个离合器中只有一个处于闭合状态。离合器的接合和分离由机电一体化控制器控制电磁阀从而控制液压机构，最终推动 K1 或者 K2 的启动杆来实现。

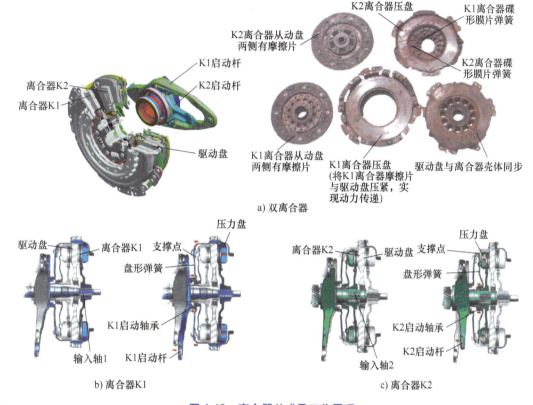

图 4-19 离合器总成及工作原理

在 OAM 变速器电液控制中仍然是机电一体的集成控制，但在液压循环油路采用两种不同的润滑油，其中机械齿轮部分采用专用型齿轮油而液压电子部分采用专用型液压油。采用的外啮合齿轮油泵由油泵电动机驱动，受控制单元控制，按需求油压驱动。OAM 双离合器齿轮机构、电控系统及电液控制的认识分析类似 02E 变速器。

任务实施

【实施过程】

一、准备

准备装配 DCT 变速器的车辆及 DCT 总成、维修资料、拆装与测量工具，教师讲解或示范，进行任务实施。

二、车上认识与检修

1）在驾驶室、发动机舱及车辆底部查找 DCT 系统的部件并检查安装情况。

2）检查变速器外部是否漏油及变速器油液位、油质。

3）识读电路图，检查电路连接及信号状况。

4）用诊断仪读取故障码和数据流，进行基本设置和基本测量操作。

三、车下认识与检修

1）拆解 DCT，识别双离合器、机械部件及电控元件和液压部件，指出变速器各档位动力传递过程。

2）结合维修资料，参考运用项目 2 和项目 3 所学知识进行双离合器、机械部件及电控元件和液压部件检查。

【实施工单】

1. 信息查询

汽车品牌：_____，车型：_____，VIN：_____，DCT 型号：_____；控制系统说明及电路图维修手册查询路径：_____。

2. 车上认识与检修

项目	内容及结果
部件	安装牢固：
油液	是否漏油及变速器油液位、油质：
电路	导通及信号：
诊断仪使用	故障码： 数据流： 其他：

3. 车下认识与检修

项目	结果
双离合器	
档位齿轮及轴	
驻车装置	
电控元件	
液压部件	

【实施评价】

自我收获	自我评价	教师评价
	□满意 □较满意 □不满意	□优秀 □良好 □合格 □不合格

习题与思考

一、判断题

1. 双离合变速器分为湿式和干式两种。（   ）

2. 双离合变速器在换档时几乎没有动力中断，换档速度快，动力损失少。（   ）
3. 双离合变速器齿轮机构有两根输入轴和两根输出轴。（   ）
4. 双离合变速器两个离合器能够同时接合。（   ）
5. 双离合变速器两个离合器在发动机熄火后都处于分离状态。（   ）

二、选择题

1. 下列关于双离合器变速器 02E 的描述正确的是（   ）。
   A. 装备了 1 个双离合器　　　　B. 有 6 个前进档和 1 个倒档
   C. 有 1 套独立的机油循环管路　D. 按需驱动油泵
2. 双离合器变速器 02E 中离合器 K1 在（   ）上传输发动机转矩。
   A. 输出轴 1　　　B. 输出轴 2　　　C. 输入轴 1　　　D. 输入轴 2
3. 双离合器变速器 02E 中 1 档动力传递由（   ）完成。
   A. 输出轴 1　　　B. 输出轴 2　　　C. 输入轴 1　　　D. 输入轴 2
4. 双离合变速器 02E 电控液压单元包含有（   ）。
   A. 传感器　　　　B. 电磁阀　　　　C. 电控单元　　　D. 机械滑阀
5. 最终推动双离合器变速器 OAM 的部件是（   ）。
   A. 活塞　　　　　B. 拨叉　　　　　C. 齿轮　　　　　D. 启动杆

三、思考简答题

1. 简述双离合变速器 02E 各档的动力传递路线。
2. 简述双离合变速器 02E 和 OAM 的双离合器工作过程。

素养课堂

沟通和服务

汽车作为商品，在使用中不可避免会出现问题，某些问题是因设计不科学或生产制造质量不良引起的。有些厂家对出现的这些问题处理很到位，及时召回，解决消费者顾虑，合理解决问题，赢得了消费者的满意和信任，对车辆的品牌和公司的运行影响不大；而个别厂家存在隐瞒、敷衍或不管等行为，影响了品牌形象，甚至使售后公司无法正常营业。因此，作为汽车售后服务专业的学生，要有为客户服务的意识和责任，确保维修质量，及时沟通、处理问题。

项目 5 四轮驱动系统与电动汽车传动系统检修

任务1 四轮驱动系统检修

任务引入

越野汽车在泥泞路面、雪地等附着系数较小的路面上行驶时，为了改善驱动条件，可以将4个车轮全部变为驱动轮，以增加汽车的牵引力。一些高性能的轿车也装备了四轮驱动来改进汽车的操纵性能。本任务介绍四轮驱动系统的基本知识及检修方法。

任务目标

1. 能理解四轮驱动的基本类型。
2. 能结合维修资料，拆装、识别四轮驱动系统的组成件。
3. 能结合维修资料，正确拆解四轮驱动系统的组成件并检查其技术状况。
4. 能初步诊断、处理四轮驱动系统的故障。
5. 培养学生主动交流及学习的能力和工匠精神。

知识链接

一、概述

四轮驱动是指汽车在行驶过程中，前、后车轮都具有驱动力，共同推动车辆前进。四轮驱动的目的是根据不同的路况将输出转矩分配给前、后车轮，以提高汽车的行驶能力。四轮驱动相比于两轮驱动具有以下优点：①更好的道路通过性能；②更强的爬坡能力；③更快的加速性能；④更高的转向稳定性；⑤更佳的直行稳定性。但是，四轮驱动系统结构复杂、制造成本高、传动部件较多，驱动过程会产生噪声，过大的质量也增加了油耗。

依据四轮驱动系统的功能可以将其分为分时四驱、全时四驱和适时四驱3类。

1. 分时四驱

分时四驱是一种驾驶人可以在两驱和四驱两种模式中进行手动选择的四轮驱动系统。驾驶人可以根据路面情况，通过接通或断开分动器来切换两轮驱动或四轮驱动模式。分时四驱系统有两个差速器（前、后驱动桥各1个）和1个分动器。通常状况下，分时四驱系统以两个后轮驱动行驶，当行驶到湿滑路面时可以手动接通分动器切换到四轮驱动模式。分时四驱系统的结构及驱动模式、动力传递路线如图5-1所示。

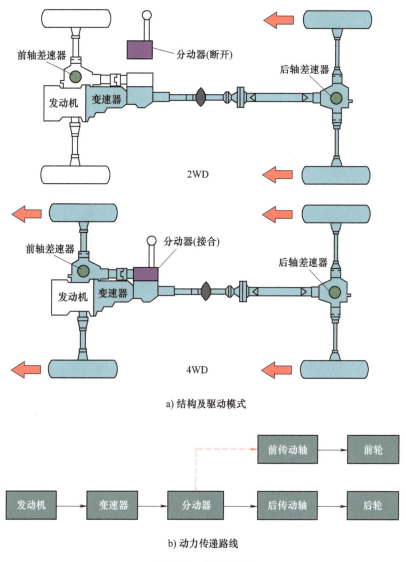

图5-1 分时四驱

这种分时四轮驱动系统没有中央差速器，当四轮驱动时，前轴与后轴通过机械连接并以相同转速转动，因此这种驱动方式在铺装路面（良好路面）上是无法行驶的，否则可能导致传动系统无法工作甚至损坏；前轮与后轮硬性连接，会严重导致车辆转向不足，进而引发事故。分时四驱汽车只适合在低摩擦系数路面（泥泞、雪地、冰上、沙地等）上行驶，并且要以低速行驶，当在这样的路面上行驶时，车轮的滑动会自动吸收车轮之间的转速差。

分时四驱的优点是结构简单、稳定性高、坚固耐用；缺点是驱动模式转换需要手动操作，同时还需停车操作，不能在铺装路面使用四轮驱动系统，不能顺利转弯。采用分时四驱的代表车型有吉普牧马人、日产帕拉丁、铃木吉姆尼、长城哈弗 H5 等。

2. 全时四驱

全时四驱是一种永久性四轮驱动系统，前轴和后轴一直都可得到驱动力，但前、后转矩分配比例因车而异，而且在遇到车轮打滑时会重新分配前、后驱动力。为了避免分时驱动所产生的弯道制动现象，全时四驱采用了 3 个差速器，前、后驱动桥各有 1 个差速器，前、后驱动桥之间有 1 个中央差速器，如图 5-2 所示。中央差速器常用托森差速器、液压多片式离合器和黏液偶合器 3 种类型。

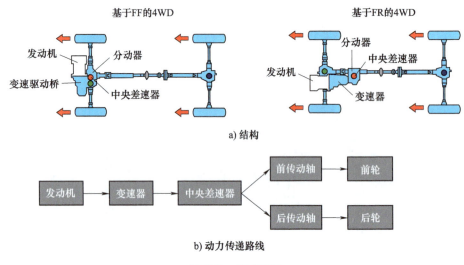

图 5-2 全时四驱

全时四驱的优点是相比两轮驱动和适时四驱车型，全时四驱有更优异的安全驾驶基础，转向更加中性，尤其是在极限路况和激烈驾驶（此时对车轮附着力要求很高）时；缺点是因始终需要将动力传输到 4 个驱动轮，造成传动效率较低，整个传动系统质量较大，结构复杂。全时四驱系统多用于中高端车型，如奔驰 GLK、宝马 X5 和奥迪 Q7 等车型上。

3. 适时四驱

适时四驱就是根据车辆的行驶路况，系统自动切换为两轮驱动或四轮驱动模式，这免去了烦琐的手动操作。在正常路面上，车辆会采用两轮驱动的方式，一旦遇到不良路面或者驱动轮打滑，自动切换为四轮驱动方式，如图 5-3 所示。适时四驱所使用的差速限制器除了黏性偶合器式外，还有电控多片离合器式及液控多片离合器式等。

适时四驱的优点是比全时四驱结构简单、成本低、质量小、传动效率高，且适合前横置发动机前驱平台的车型配备。缺点是绝大多数适时四驱车型受制于结构本身的缺陷，无法将超过 50%的动力分配给后桥，这使适时四驱在主动安全控制方面没有全时四驱的调整范围大，相比分时四驱，它在应对恶劣路面时的物理结构极限偏低。适时四驱适合城市 SUV 和城市跑车，代表车型有丰田的 RAV4、广丰汉兰达和马自达 CX-5 等车型。

四轮驱动汽车相比两轮驱动汽车需要额外增加轴间动力分配、轴间差速或轴间差速限制 3 个任务，如图 5-4 所示。执行这 3 个任务的四轮驱动汽车在构造上有简有繁，在性能上千差万别。有些四轮驱动汽车中包含分动器、中央差速器和差速限制器 3 种装置，而有些四驱汽车只有其中两个装置，更有些简单的四驱汽车仅用其中一种装置就可执行这 3 个任务。

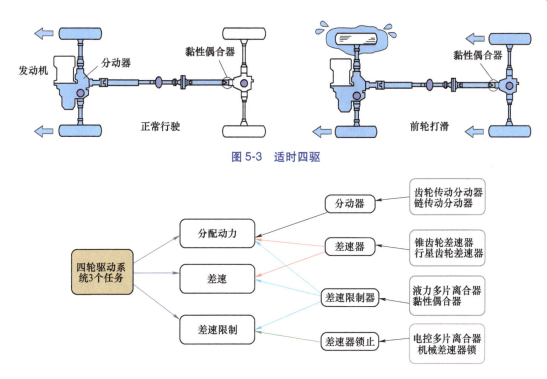

图 5-3 适时四驱

图 5-4 四轮驱动系统的 3 个任务及执行机构示意图

二、分动器

1. 功用及操纵

分动器是分配动力的总成,它的功用是将变速器传来的驱动转矩分别传递到各驱动桥。它的输入端为变速器,输出端可以有多个(一般为两个),分别经万向传动装置与各驱动桥连接。有些分动器具有减速功能,设有两个档位,起到副变速器的作用。当选择低速档位时,可以将驱动转矩放大,以提高攀爬和拖动的能力。因此,在分时四驱汽车上,在变速杆旁边有一个或两个分动器操纵杆(操作旋钮),用来切换两轮驱动或四轮驱动以及选择分动器的高、低速档位,如图 5-5a 所示,其中 2H(2WD) 为两驱模式(适合于一般道路行驶),4L 为四驱低速模式(越野工况),4H 为四驱高速模式(适合恶劣路况行驶)。N 为空档模式,动力传递中止于分动器,空档模式下允许车辆被拖动。

为了获得较好的驾驶需求和性能要求,部分适时四驱或全时四驱车辆设置了驾驶模式开关,如图 5-5b、c 所示,图中各数字标号含义:①模式按钮(在公路驾驶模式中选择所需驾驶模式:经济、舒适、标准、运动或个性化等);②雪地驾驶模式;③公路驾驶模式;④越野驾驶模式;⑤越野个性化驾驶模式。

2. 类型

常用的分动器可以分为两类,一类是不带轴间差速器的分动器,分动器两输出部件转速相同;另一类是带轴间差速器的分动器,分动器两输出部件转速可以不同。不带轴间差速器的分动器有直接连接式和带电控多片式离合器式两类。

(1) 不带轴间差速器的分动器 分时四驱通常采用直接连接式分动器,它一般就是一

a) 分时四驱两档分动器操纵杆或操纵旋钮

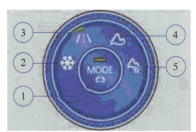

b) 适时四驱　　　　　　　　c) 全时四驱

图 5-5　四驱操纵

个犬牙式离合器,当离合器接合时就是四轮驱动,分离时变为两轮驱动。带电控多片式离合器的分动器,如图 5-6a、b 所示,后桥的动力传递路线:来自变速器的动力→后桥,与后桥

a) 系统组成

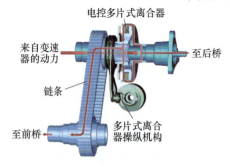
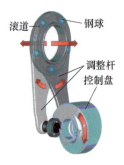

b) 分动路线　　　　　　　　c) 多片式离合器操纵机构

图 5-6　带电控多片式离合器的分动器

刚性连接；前桥的动力传递路线：来自变速器的动力→电控多片式离合器→链条或齿轮→前桥。通过控制多片式离合器的压紧程度来控制传至前桥的驱动力矩，如果离合器完全压紧，前、后桥各分配50%的驱动力矩；如果离合器完全分离，则变为后轮驱动，驱动力矩全部传至后桥；当离合器处于完全分离和完全压紧之间，前桥获得的驱动力矩处于0~50%之间。

多片式离合器是由分动器控制单元控制伺服电动机，通过电动机带动多片式离合器操纵机构，从而控制多片式离合器的压紧程度，如图5-6c所示。电动机带动控制盘，控制盘旋转，撑开两个调整杆，两个调整杆之间有多个深浅变化的滚道，滚道内有多个钢球。当电动机带动控制盘旋转，使两个调整杆之间的控制盘厚度变化，最终导致钢球所在的滚道位置的深浅变化，从而控制多片式离合器的压力程度的变化。

（2）带轴间差速器的分动器 如图5-7所示，奥迪C型托森差速器是具有差速功能的分动器，壳体和行星架作为动力输入，太阳轮和齿圈作为前、后桥动力输出，完成动力分配及差速需要，摩擦片起到自锁作用，降低前、后桥的速差。

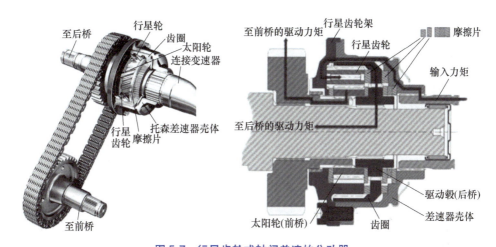

图5-7 行星齿轮式轴间差速的分动器

 任务实施

【实施过程】
一、准备
准备四驱车辆、相关部件、维修资料、拆装与测量工具，教师讲解或示范，进行任务实施。

二、车上认识与检修
查找识别四轮驱动系统组成件；检查有关电路导通及信号情况；用诊断仪读取故障码及数据流或主动测试，观察有关指示灯。

三、车下认识与检修
拆解分动器及四轮驱动系统其他部件，指出它们的工作过程，参考运用前面项目所学知识检查零部件技术状况。

【实施工单】
1. 信息查询

汽车品牌：_____，车型：_____，VIN：_____，四轮驱动系统控制说明及电路图维修手册查询路径：_____。

2. 车上认识与检修

项目	内容及结果
四轮驱动	类型：_____，包含部件：_____ 分动器类型：_____ 差速器个数：_____，类型：_____
电路	导通及信号：_____
诊断仪使用	故障码：_____ 数据流：_____ 其他：_____

3. 车下认识与检修

项目	内容及结果
分动器	拆解步骤： 包含零件： 工作过程： 组成件技术状况：

【实施评价】

自我收获	自我评价	教师评价
	□满意 □较满意 □不满意	□优秀 □良好 □合格 □不合格

习题与思考

一、判断题

1. 分动器主要起到分配动力作用，可以把变速器传来的动力分配给多个驱动桥。（   ）
2. 有些分动器具备变速功能，具有副变速器的作用。（   ）
3. 所有的分动器都可以增矩。（   ）
4. 分时四驱须有操纵杆或者旋钮来切换两轮驱动和四轮驱动。（   ）
5. 轴间（中央）差速器允许前、后传动轴转速不同。（   ）

二、选择题

1. 四轮驱动系统的类型有（　　）。
A. 全时四驱　　　B. 分时四驱　　　C. 适时四驱　　　D. 限时四驱
2. 四轮驱动系统的优点有（　　）。
A. 提高车辆的通过性　　　　　　　B. 提高车辆的有效驱动力矩
C. 提高发动机的输出转矩　　　　　D. 更强的爬坡能力
3. 下列属于带电控多片式离合器的分动器组成的有（　　）。
A. 多片式离合器　　B. 电动机　　　C. 控制单元　　　D. 离合器操纵机构
4. 四轮驱动汽车相比两轮驱动汽车可以实现（　　）。
A. 轴间动力分配　　B. 轴间差速　　C. 轴间差速限制　　D. 四轮转向
5. 分动器的使用、维护措施正确的是（　　）。
A. 有些品牌分动器不允许分解维修
B. 日常使用时要检查分动器外观是否漏油
C. 分时四驱车辆高速行驶时不允许使用四驱模式
D. 如果车轮打滑，带差速锁的车辆可以锁上差速锁

三、思考简答题

1. 简述四轮驱动系统各类型的区别。
2. 简述带电控多片式离合器的分动器的工作过程。

任务 2　电动汽车传动系统检修

任务引入

新能源汽车的发展已成为时代标志，纯电动汽车上电动机的起动转矩非常大，足以使静止的汽车起步并提速，因此在中小型货车和轿车上取消了变速器；混合动力汽车使用了变速器，其中，轿车多采用 ECVT，客车采用 AMT。本任务介绍电动汽车传动系统的基本知识及检修方法。

任务目标

1. 了解电动汽车传动系统的类型。
2. 能结合维修资料，拆装、识别电动汽车传动系统的组成件。
3. 能结合维修资料，正确拆解电动汽车传动系统的组成件并检查其技术状况。
4. 能初步诊断、处理电动汽车传动系统的故障。
5. 培养学生高压安全意识、主动学习的能力及工匠精神。

知识链接

按供电和驱动方式分类，电动汽车主要分为 3 种类型：纯电动汽车（BEV）、混合动力电动汽车（HEV）和燃料电池电动汽车（FCEV）。电动汽车传动系统的作用是将电动机或发动机的动力按要求传递到驱动轮上，使地面对驱动轮产生驱动力，保证汽车能够正常行驶，具有良好的动力性和经济性。

一、纯电动汽车

1. 类型

根据电驱动系统的组成和布置形式，纯电动汽车分为机械传动型、无变速器型、无差速器型和电动轮型 4 种。

电动汽车传动系统认识

（1）机械传动型　机械传动型纯电动汽车的结构如图 5-8a 所示，它是以燃油汽车发动机前置、后轮驱动的结构为基础发展而来的，保留了内燃机汽车的传动系统，不同之处是将内燃机换成了电动机。这种结构可以保证纯电动汽车的起动转矩及低速时的后备功率。对驱动电机要求低，所以，可选择功率较小的电动机。

（2）无变速器型　无变速器型纯电动汽车的一种结构如图 5-8b 所示，该结构的最大特点是取消了离合器与变速器，采用固定速比减速器，通过控制电动机来实现变速功能。这种结构的优点是机械传动装置的重量轻、体积小，但是对电动机的要求比较高，不仅要求具有较高的起动转矩，而且要求具有较大的后备功率，以确保纯电动汽车的起步、爬坡、加速等动力性能。

无变速器型纯电动汽车的另外一种结构如图 5-8c 所示，它把电动机、固定速比减速器以及差速器集成为一个整体，两根半轴连接驱动车轮。这种结构在小型电动汽车上应用非常普遍，可电动机前置前驱或后置后驱。

（3）无差速器型　无差速器型纯电动汽车的结构如图5-8d所示，这种结构采用两个电动机，通过固定速比减速器来分别驱动两个车轮，能够实现对每个电动机转速的独立调节。当汽车转向时，可以通过电动机的电控系统控制两个车轮的差速，从而达到转向的目的。但是，这种结构的电动机控制系统相对来说非常复杂。

（4）电动轮型　电动轮型纯电动汽车的一种结构如图5-8e所示，这种结构是将电动机直接安装在驱动轮内（也称轮毂电动机），可以进一步缩短电动机至驱动车轮之间的动力传递路径，减少能量在传动路径上的损失，但想要实现纯电动汽车的正常工作，还需添加一个减速比较大的行星齿轮减速器，将电动机的转速降低至理想的车轮转速。

电动轮型纯电动汽车的另一种结构如图5-8f所示，这种结构将低速外转子电动机的外转子直接安装在车轮的轮缘上，去掉了减速齿轮，所以电动机和车辆的驱动车轮之间没有任何机械传动装置，无机械传动损失、能量的传递效率高、空间的利用率大。但是这种结构对于电动机的性能要求较高，要求其具有很高的起动转矩以及较大的后备功率，以确保车辆可靠工作。

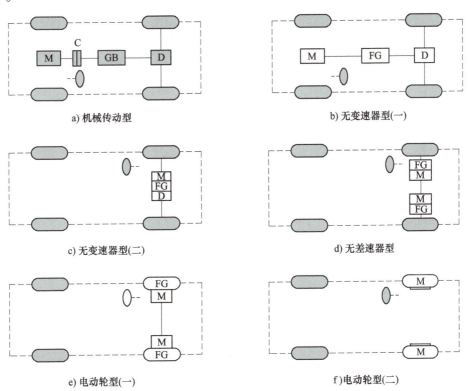

图 5-8　驱动系统的组成和布置形式

C—离合器　D—差速器　FG—固定速比减速器　GB—变速器　M—电动机

2. 吉利帝豪 EV450 的传动系统

吉利帝豪 EV450 的传动系统中取消了变速器，其驱动桥为减速驱动桥，即电动机、减速器和差速器成为一体式传动，且安装有 P 位驻车锁止机构，如图 5-9 所示。

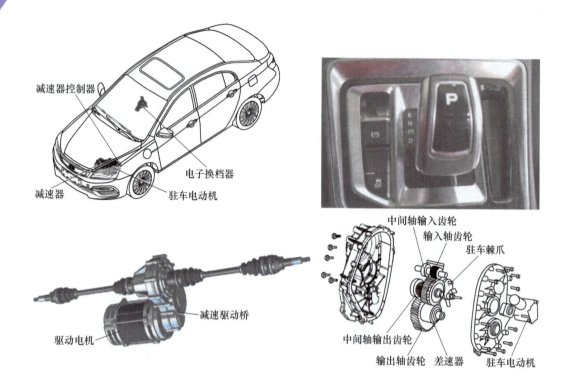

图 5-9　吉利帝豪 EV450 的传动系统

二、混合动力电动汽车

1. 分类

按照结构形式，HEV 可分为串联式、并联式和混联式 3 种，如图 5-10 所示。

相对于纯电动汽车，混合动力电动汽车的传动系统增加了变速器。所配备的变速器有基于传统燃油汽车所配备的自动变速器 AT/CVT/DCT/AMT 加装电动机及高压控制系统的，如

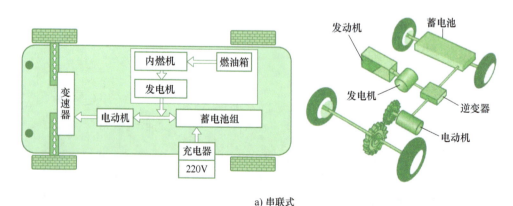

a) 串联式

图 5-10　HEV 的结构形式

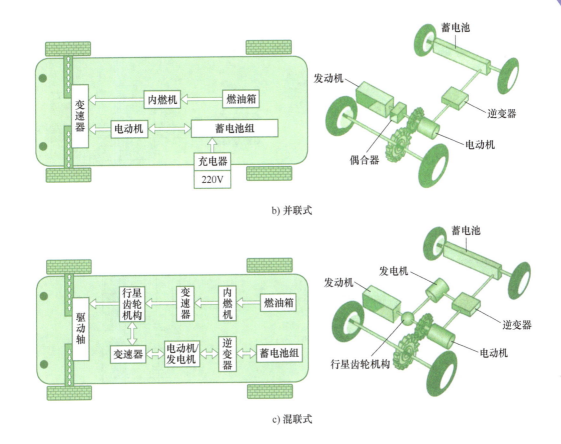

b) 并联式

c) 混联式

图 5-10 HEV 的结构形式（续）

宝马 530Le 新能源变速器、英菲尼迪 QX60、大众奥迪 DQ400e 及比亚迪 DM 等；还有专为混合动力电动汽车开发设计的 ECVT，如丰田 THS、本田 i-MMD、比亚迪 DM-i 及长城 DHT 等，一般都会设计电动机在变速器内部。ECVT 不是像 CVT 通过带轮或链轮机构实现档位的连续变换，而是通过齿轮机构等实现各模式下的动力切换或分配。

2. 丰田 THS 混合动力系统

丰田 THS 各代 ECVT 主要包括发电机（MG1）、电动机（MG2）、行星齿轮和减速装置等，如图 5-11 所示。THS-Ⅲ采用复合行星齿轮机构，分别进行动力分流和 MG2 电动机输出减速；THS-Ⅳ中的 MG2 电动机不与 MG1 同轴布局，不需要单独与 MG2 集成的行星齿轮减速器，而是通过减速齿轮实现变速。

三、电动四轮驱动系统

电动四轮驱动系统有单电动机配传动轴、双电动机全轮驱动、发动机+双电动机以及发动机+三电动机及轮毂电动机等结构，如图 5-12 所示。电动四轮驱动系统的优点是理论上可以靠 ECU 在全时与适时四驱间随时切换，所以在驾驶方面相对比较便捷。对于传统四轮驱动系统来说，基本是硬件决定性能，而对于电动四轮驱动系统来说，更多的是由软件来决定。

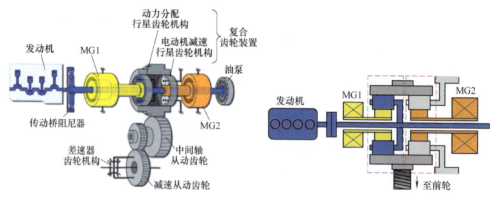

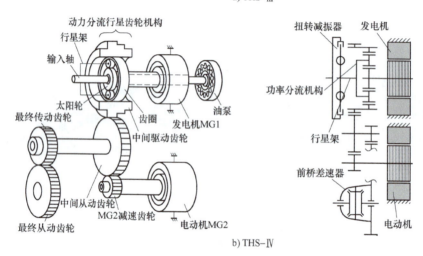

图 5-11 丰田 THS 混合动力 ECVT

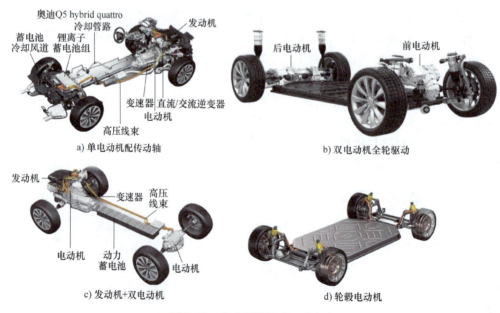

图 5-12 电动四轮驱动系统汽车

📖 任务实施

任务实施过程中要做好高压防护：

1) 戴护目镜、绝缘手套、安全帽及穿安全服，使用绝缘工具。
2) 对高电压车辆周围布置好明显的警示标识。
3) 检查车辆，确保车辆无故障，特别是高压漏电类故障。
4) 制作高压标识，用于在实训过程中标识高压部件。
5) 拆除维修开关，等待一段时间，以便让高压电容器放电。

【实施过程】

一、准备

准备电动车辆、维修资料、拆装与测量工具，教师讲解或示范，进行任务实施。

二、车上认识与检修

查找、识别 EV 驱动电机及档位操纵装置；举升车辆，参考运用前述项目所学知识检查减速驱动桥的技术状况。

【实施工单】

1. 信息查询

汽车品牌：_____，车型：_____，VIN：_____，传动系统说明及电路图维修手册查询路径：_____。

2. 车上认识与检修

项目	内容及结果
档位及操纵	标识：□P □R □N □D □其他：_____ 各档位功能状况：_____ 加速踏板：□有 □无；制动踏板：□有 □无；离合器踏板：□有 □无 换档方式：□拉线 □电子 换档条件：□READY 灯亮 □踩下制动 □其他：_____
驱动桥	变速器：□有 □无 减速器：____级齿轮机构，传动比为____，壳体上孔塞有_____ 齿轮油油位：□正常 □异常，油质：□正常 □异常 电动机与减速器的连接方式：_____ 内外侧万向节类型为_____，护套：□良好 □损坏 □漏油

【实施评价】

自我收获	自我评价	教师评价
	□满意 □较满意 □不满意	□优秀 □良好 □合格 □不合格

习题与思考

一、判断题

1. 电动汽车没有驱动桥。（　）
2. 电动汽车都没有变速器。（　）
3. 对电动汽车高压部件进行拆装时，不需断掉高压。（　）
4. 轮毂电动机驱动系统的电动机直接安装在车轮上。（　）
5. 电动四轮驱动系统靠机械硬件实现驱动。（　）

二、选择题

1. 属于纯电动汽车类型的有（　）。
   A. 机械传动型　　B. 无变速器型　　C. 无差速器型　　D. 电动轮型
2. 小型电动汽车普遍采用（　）。
   A. 机械传动型　　B. 无变速器型　　C. 无差速器型　　D. 电动轮型
3. HEV 结构形式有（　）。
   A. 串联式　　　　B. 并联式　　　　C. 混联式　　　　D. 插电式
4. 混合动力电动汽车应用较多的结构形式是（　）式。
   A. 串联　　　　　B. 并联　　　　　C. 混联　　　　　D. 复合
5. 丰田 THS 混合动力电动汽车传动系统中有（　）。
   A. 动力分流机构　B. 双电动机　　　C. 减速机构　　　D. 离合器

三、思考简答题

1. 纯电动汽车各电驱动布置形式有何特点？
2. 混合动力电动汽车的变速器有哪些种类？